LYUBIMAYA
Любимая

LYUBIMAYA
© François Garijo 2018
Dépôt Légal Juillet 2018
N° ISBN : 979-10-97252-08-3
EAN : 9791097252083

INTRODUCTION

Счастье – это важнейший признак того, что в твоей жизни, твоей душе всегда присутствует духовная свежесть.

Когда ты счастлива, воодушевлена, когда ты полна жизни, вдохновения, когда тебе ничто не страшно, ты просыпаешься и видишь, что все прекрасно, - это означает, что ты вошла в живое соприкосновение с Богом.

Ты дотрагиваешься до Него, и в тебе появляются живительные силы.

Архимандрит Андрей Конанос

Le bonheur est le signe le plus important que dans ta vie, ton âme, il y a toujours de la fraîcheur spirituelle.

Quand tu es heureuse, inspirée, quand tu es pleine de vie, d'inspiration, quand rien ne te fait peur, tu te réveilles et tu vois que tout va bien, cela signifie que tu es entrée dans un contact vivant avec Dieu.

Tu vas jusqu'à le toucher, et en toi il y a des forces qui donnent la vie.

Archimandrite Andrei Konanos

PRESENTATION

L'âme humaine est affamée de sincérité pendant que son cœur dispose de ses errances dans la passion, cette dissonance entre les deux engendre un trouble chez beaucoup, si certains comprennent le sens de leur existence dès l'aube de leurs émois, la plupart n'en murissent l'idée qu'au crépuscule de leur vie. Savoir de qui l'on a besoin dans sa vie, et pourquoi, évite de censurer sa conscience, permet d'alimenter son âme, de valoriser sa capacité d'émerveillement à la beauté du monde, de nourrir l'âme avec les fondements essentiels de l'humanité, c'est dans la profondeur de l'âme que se révèle son propre accomplissement spirituel.

C'est aussi une supercherie des convenances que la plupart suivent et auxquelles fort peu s'accordent, on ne peut en définitive pas donner du sens à sa vie, en trompant celle des autres, les bonnes personnes à nos côtés, celles qui sont notre reflet, nous ressemblant émotionnellement, étant la source de notre propre accomplissement, cela ne signifie pas que nous devons nous oublier nous-mêmes bien au contraire, nous devons nous ouvrir à la réciprocité sans s'égarer dans les marécages du superficiel, de l'apparence et de l'ambiguïté, si le cœur goûte à des emportements qui lui sont passionnels, il n'y a pas de chemin honorable qui se flanque des larmes d'autrui, l'errance des sentiments est un leurre, c'est aux côtés de votre âme sœur, de votre unique, qui vous apporte la plénitude, que la beauté de la vie se révèle à vous dans une dualité indestructible. La complexité réside dans notre capacité à la trouver et à la comprendre, ce qui éveille la personne et dépasse l'égoïsme est la part du Divin en nous, source de de réciprocité.

L'immortalité de l'âme que la raison conçoit mais ne comprend pas, peut être le révélateur de cœur, car c'est l'âme qui ressent l'amour, il est impossible de rencontrer son âme jumelle sans succomber. L'amour nous réserve parfois de très belles surprises qui bouleversent notre vie dans un état d'euphorie, d'exaltation, l'énergie issue de l'amour est essentiellement calme et joyeuse, inspirante et paisible, mais nous n'avons qu'une âme sœur, une seule et unique. Certains sont entraînés dans une quête compulsive, où ils deviennent impossibles à satisfaire, d'autres s'épanouissent aux côtés de leur personne unique, quelqu'un avec qui ils partagent un grand amour, les infidèles colportent que l'âme sœur, est un mythe amoureux, mais d'instinct nous savons qu'ils ont tort. Quand on aborde le sujet de l'amour véritable, la fidélité prend toute son importance, il y a des signes qui ne trompent pas, quand vous désirez que cette personne soit à vous et pour vous, et qu'elle le veut aussi, la seule, l'unique, quelqu'un qui est toujours là pour toi et qui préfère être avec toi pour toujours et nulle part ailleurs.

Rappelez-vous comment nous avons rêvé et combien nos sentiments étaient purs, l'Innocence de l'âme emportant avec soi, espoirs et beauté, l'amour est une source d'inspiration que des personnes merveilleuses nous offrent et qui nous nourrit de l'intérieur, rares sont ceux qui nous donnent beaucoup de tendresse avec toute l'affection qu'ils nous portent, sans aucun doute possible, une excitation passionnelle ne peut remplacer un sentiment de sincérité amoureuse très intense, le premier vous dévore, tandis que le second nous renforce.

Chacun de nous trouve son épanouissement dans des sources distinctes, j'ai pour ma part, constaté que nous devenons meilleurs grâce à ceux qui nous aiment, prennent soin de nous, ils nous façonnent à l'image de leurs attentes, pour que nous répondions à leur idéal.

Nous pensons être fabuleux alors qu'en définitive ce sont les personnes qui nous entourent de leur amour qui sont des êtres d'exception, il convient de les remercier à la hauteur du bonheur qu'ils construisent dans notre vie au quotidien.

Всегда кажется, что нас любят за то, что мы так хороши, а не догадываемся, что любят нас оттого, что хороши те, кто нас любит.

Il semble toujours que nous sommes aimés parce que nous sommes si bons, et ne devinons pas qu'ils nous aiment, parce qu'ils sont bons.

Мы никогда не будем знать, что творится у кого-то в душе, но мы можем постараться, чтобы там было тепло,

человек одинок до тех пор,

пока не научится любить еще кого-то кроме себя.

Nous ne saurons jamais ce qui se passe dans l'âme de quelqu'un, mais nous pouvons essayer de le réchauffer, une personne est solitaire, jusqu'à ce qu'il apprenne à aimer quelqu'un d'autre à part lui-même.

Не бойтесь проявлять свои эмоции,

вы будете еще дороже и важнее друг для друга!

N'ayez pas peur de montrer vos émotions, vous serez encore plus cher et plus important l'un pour l'autre.

François Garijo

LYUBIMAYA
Любимая

FRANCOIS GARIJO

Всё начинается с прикосновения души.

Никогда не упускай хорошего человека, который делает твою жизнь великолепной, только потому, что с ним немного трудно. Хорошие никогда не даются легко. Некоторым людям суждено влюбиться в друг друга. На свете есть люди, которых ты просто любишь. Просто так. Не за что-то. Тебе хорошо от одной мысли, что они существуют. Они могут быть очень далеко, в других городах, даже в других странах, но ты знаешь, что они тоже тебя любят.

Нежность, дверь души и одновременно очень важная составляющая любви, очень сложно описать словами нежность.

Расстояние не так страшно, когда оно в километрах земли, а не в километрах души, души прекрасные порывы.

Непросто без эмоций описать те ощущения, когда дотрагиваешься до души.

Это просто так.

И вы понимаете друг друга, и ты дотрагиваешься до него, представьте, что точно также можно дотронуться до души.

Дотрагиваешься до души с невидимым сиянием. Понимаешь, что человек рядом, проникает так глубоко внутрь и дотрагивается до таких потаенных уголков твоей души, что способно открыть для тебя новый мир.

Он внутри тебя, и это такое приятное ощущение!

Когда два сердца, наслаждаясь поцелуем.

Вот это счастье.

Tout commence par le toucher de l'âme.

Ne manquez jamais une bonne personne, qui rend votre vie magnifique, juste parce que c'est un peu difficile. Les bonnes choses ne sont jamais données facilement. Certaines personnes sont destinées à tomber amoureuses les unes des autres. Il y a des gens dans le monde que tu aimes juste. Juste comme ça. Pas pour quelque chose. Tu es heureux avec la pensée qu'ils existent. Ils peuvent être très loin, dans d'autres villes, même dans d'autres pays, mais tu sais qu'ils t'aiment aussi.

La tendresse est la porte de l'âme, et en même temps une partie très importante de l'amour, il est très difficile d'expliquer la tendresse avec des mots.

La distance n'est pas si terrible quand, au travers de kilomètres de terre, et pas dans des kilomètres de l'âme. les âmes ont des impulsions merveilleuses.

Ce n'est pas facile sans émotions de décrire ces sentiments lorsque vous touchez jusqu'à l'âme.

C'est juste ainsi.

Et vous vous comprenez l'un l'autre, et tu peux aller le toucher, car il est précisément possible de le toucher jusqu'à l'âme.

Tu le touches jusqu'à l'âme avec un rayonnement invisible. Tu comprends que la personne est proche, cela pénètre si profondément à l'intérieur et touche les coins secrets de ton âme, qu'elle est capable d'ouvrir un nouveau monde pour toi.

Elle est en toi, et c'est un sentiment si agréable !

Quand deux cœurs apprécient un baiser.

Voilà, ceci est le bonheur.

Я тебя позову, гласом преданной чувством души.

Мы встречаем только тех, кто уже существует в нашем подсознании. Мы рисуем человека в своем воображении и только потом встречаем его в реальной жизни. Партнер притягивает нас потому, что его образ с детства живет внутри нас и это оказывается тот человек, которого мы ждали и знали уже давно. Это про нас с тобой, мы много лет в подсознании ждали друг друга и мы уже знали, что созданы друг для друга.

Просто есть такие встречи, которые нам давно назначили, и есть люди, имена которых отмечены в сердце ещё до нашего рождения.

Некоторые называют это любовью с первого взгляда. На самом деле - это любовь, которая была гораздо раньше, чем кто- то из нас впервые открыл свои глаза, я тебя позову, гласом преданной чувством души, несмиренной молитвами плоти. Если бы каждый раз, когда я думал о тебе, вырастал цветок, я мог бы идти через свой сад вечно.

Только раз, и то если очень повезёт, ты встречаешь человека, который разделяет твою жизнь на две части, до встречи с ним и после, нас в городе могут увидеть вместе, мы будем единое целое.

Я думаю о себе и о тебе сейчас рука об руку, мы держимся за руки или ходим на прогулки.

Взявшись за руки.

Любовь – это когда люди спокойно, взявшись за руки, идут по дороге жизни.

Н жди будущего — позволь ему наступить, нет большей ценности, чем ценность человеческих уз, не обрывайте диалог на полусчастье, на полуслове, сбывшееся чудо меняет реальность.

Я всегда буду помнить те моменты, когда хотелось остановить время, то, что было полно смысла, жило без слов, я спрошу у своей души, и тихий голос моей души, говорит мне: внутренний мир всегда виден снаружи, благостным свечением внутренний мир, где твоё имя.

Je t'appellerai, avec une voix consacrée aux sentiments de l'âme.

Nous rencontrons seulement ceux qui existent déjà dans notre subconscient. Nous dessinons une personne dans notre imagination et seulement alors nous le rencontrons dans la vraie vie. Le partenaire nous attire parce que son image vit de l'intérieur de nous, et il s'avère que c'est la personne que nous attendions et connaissions depuis longtemps. C'est à propos de nous avec toi, nous nous attendions dans le subconscient depuis de nombreuses années et nous savions déjà que nous étions faits l'un pour l'autre

Il y a justement de telles réunions, que nous avons depuis longtemps prévues, et il y a des personnes dont les noms sont marqués dans le cœur avant même notre naissance.

Certains l'appellent l'amour au premier regard. En fait, c'est l'amour, qui était beaucoup plus tôt que l'un de nous a ouvert les yeux, je t'appellerai, d'une voix fidèle au sens de l'âme, indicible par les prières de la chair. Si chaque fois que je pensais à toi, une fleur grandissait, je pourrais marcher dans mon jardin pour toujours.

Une seule fois, et cela, si tu as de la chance, tu rencontres une personne qui partage ta vie en deux parties, avant sa rencontre et après, nous pouvons être vus ensemble dans la ville ensemble, nous serons un tout.

Je pense à moi et à toi maintenant la main dans la main, nous nous prenons par la main et nous promenons.

Se tenant par la main.

L'amour, c'est quand les personnes, calmement, se tenant par la main, suivent le chemin de la vie.

N'attendez pas le futur laissez le venir, il n'y a pas de plus grande valeur que la valeur des liens humains, ne coupe pas le dialogue sur le demi-bonheur, le demi-mot, un miracle devient réel et change la réalité.

Je me souviendrai toujours de ces moments où je voulais arrêter le temps, ce qui était plein de sens, fut vécu sans mots, je demande à mon âme, et la petite voix de mon âme, me dit : le monde intérieur est toujours visible de l'extérieur, la lueur heureuse de mon monde intérieur, où se trouve ton nom.

Изменение нашей жизни, как в лучшую, так и в худшую сторону, происходит, как правило, постепенно и незаметно.

Нам часто снитсято, что невозможно.

А жизнь подарит то, что и не снилось.

Я много делаю, даже иногда жертвуя собой и своим принципам.

Любовь представляет собой один из самых значимых человеческих чувств, сможет понять и поддержать, пожертвует своим временем и интересами.

Любовь научил меня любить, отдавая себя, жертвуя собой.

Я без тебя дышать не в силе, я задыхаюсь без тебя.

Признание в любви, сделанное таким образом, запомнится надолго, Любо́вь — чувство, свойственное человеку, глубокая привязанность, которая соединяет людей таким странным образом.

Истинная любовь продолжается бесконечно и никогда не заканчивается, я не был достоин твоей любви, я только помню, как был в тебя влюблен, даже до сих пор.

Ты – смысл моей жизни и я очень-очень люблю тебя, пишу, что чувствую.

Среди богатств и талантов нашей души есть одно самое великое и бесценное ее сокровище, одна капля вечной Любви дороже всей вселенной, нежность – это такая вещь, которая иногда просто спасает жизнь.

День может начаться и закончиться без сообщения от меня, но поверь мне, он не начнётся и не закончится без мысли о тебе, впусти меня в свою душу.

Хочется эти счастливые дни рядом с тобой тянулись долго и чтобы мы остались вдвоем и были счастливы.

Le changement dans notre vie, à la fois pour le meilleur et pour le pire, se produit, en règle générale, graduellement et imperceptiblement.

Nous rêvons souvent de ce qui est impossible.

Et la vie donne quelque chose qui n'a jamais été rêvé.

Je fais beaucoup, parfois même, en sacrifiant mes propres principes.

L'amour est un l'un des plus importants sens humains, capable de comprendre et de soutenir, de sacrifier temps et intérêts.

L'amour m'a appris à aimer, à me donner, à me sacrifier.

Sans toi je ne peux pas respirer, sans toi j'étouffe.

Une déclaration d'amour faite de cette manière restera dans les mémoires pendant longtemps, l'Amour est un sentiment particulier à l'homme, une affection profonde, qui relie les gens d'une manière si étrange.

Le véritable amour dure toujours et ne finit jamais, je n'étais pas digne de ton amour, je me souviens seulement comment j'étais amoureux de toi, même jusqu'à présent.

Tu es le sens de ma vie et je t'aime énormément, j'écris ce que je ressens.

Parmi les richesses et les talents de notre âme, est l'un des plus grands et des plus précieux de ses trésors, une goutte d'Amour éternel est plus précieux, que l'univers tout entier, la tendresse est une chose qui sauve parfois une vie.

Le jour peut commencer et se terminer sans un message de ma part, mais crois moi, il ne commence et ne finit pas sans une pensée pour toi, laisse-moi dans ton âme.

Je veux que ces jours heureux près de toi durent longtemps, et que nous demeurions à deux et heureux.

Я буду дарить поцелуи твоей нежной душе, да ты мне нужен и если это возможно будь со мной, мои поцелуи будут везде для тебя.

Хочу тебя так нежно целовать тебя, чтобы твоя душа тоже чувствовала эти поцелуи и нежные касания.

Мне приятно целовать тебя в любой уголок твоего тела и твоей души.

Твоя душа бессмертна, предназначена для вечной жизни.

У тебя глубокая шикарная богатая душа и благодарю тебя за проявление внимания и чуткость, за то, что я имею значение в твоей жизни, Благодарю тебя за твое золотое сердце.

Ты даришь мне всегда любовь, внимание, нежность, понимание, заботу и ласку, как ни подарков твоей души.

Без женщины мужчина – ничто, без тебя я никто.

Когда я вижу тебя, каждый раз все больше по новому влюбляюсь в тебя.

Ты мой женский идеал.

Как хорошо знать, что ты существуешь, неважно, ни как давно, ни как надолго, так хорошо просто открыть глаза и знать, что ты есть.

Чем я могу особенно порадовать тебя, когда любишь человека с ним хочется остаться вдвоем и дарить радость во всем, читаю в твоих глазах счастье радость удовлетворение и покой в душе.

Лишь о тебе мои все мысли, лишь о тебе мои мечты, родная, ты мне счастье в жизни, ты своей любящей супруги, мы очень друг другу нужны.

Je donnerai des baisers à ton âme tendre, oui, j'ai besoin de toi et si c'est possible sois avec moi, mes baisers seront partout pour toi.

Je veux t'embrasser si doucement, pour que ton âme ressente aussi ces baisers et tendres touchers.

Il m'est agréable de t'embrasser dans tous les coins de ton corps et de ton âme.

Ton âme est immortelle, et destinée à la vie éternelle.

Tu as une âme profonde, splendide et riche, et je te suis reconnaissant pour ta manifestation de réciprocité et de sensibilité, et par ce que je compte dans ta vie, je te suis reconnaissant pour ton cœur d'or.

Tu me donnes toujours de l'amour, compréhension, tendresse, compréhension, soins et caresses comme des cadeaux de ton âme.

Sans une femme, un homme n'est rien, sans toi je ne suis rien.

Quand je te vois, je tombe amoureux de plus en plus de toi à chaque fois.

Tu es mon idéal féminin.

Comme c'est bon de savoir que tu existes, peu importe depuis combien de temps, ou pour longtemps, c'est tellement bon d'ouvrir les yeux et de savoir que vous es là.

Comment puis-je tout spécialement te faire plaisir, quand tu aimes une personne et que tu veux rester à deux avec elle et lui donner de la joie en tout, je lis dans tes yeux le bonheur la joie la satisfaction et latranquillité dans l'âme.

Toutes mes pensées, tous mes rêves sont pour toi, ma chère, tu es mon bonheur dans la vie, tu es ma conjointe aimante, nous avons besoin l'un de l'autre.

Бог – не нечто внешнее по отношению к человеку, он – его самая сокровенная суть, самая сокровенная часть человека.

Истина о Душе.

Смысл жизни человека - в спасении своей Души.

Не откладывайте любовь, ибо в ней самая сокровенная суть жизни.

Самая великая бедность из всех — это отсутствие любви, и душевной щедростью.

Честность и верность — это дорогой подарок, которого от дешёвых людей не стоит ожидать.

Самая сокровенная тайна бытия, глубокая шикарная душа.

Сокровенной глубине этой связи заключено чувство достижения.

Милостью Божией.

Мужчина создан, чтобы быть с женщиной, так же как женщина создана, чтобы быть с мужчиной.

Мы с тобой созданы друг для друга, чтобы быть вместе, и наслаждаться твоим присутствием, это потрясающе.

Когда ты далеко, мне хочется обнимать тебя душой, Когда ты рядом, хочется, эти секунды, минуты, часы и дни с тобой самые счастливые, эо время для меня с тобой – спасибо, нам вдвоём так хорошо.

Dieu n'est pas quelque chose d'extérieur à la personne, il est son essence la plus intime, la partie la plus intime de l'individu.

La vérité de l'âme.

Le sens de la vie d'une personne est dans le salut de son âme.

Ne repoussez pas l'amour car il est l'essence de la vie.

La plus grande pauvreté de tous est le manqué, l'absence d'amour, et de générosité spirituelle.

L'honnêteté et la loyauté sont un cadeau coûteux, que vous ne devriez pas attendre de gens bon marché.

Le mystère le plus secret de l'être, une âme profonde et belle.

Au plus profond de cette connexion il y a un sentiment d'accomplissement.

Par la grâce de Dieu.

Un homme est créé pour être avec une femme, tout comme une femme est créée pour être avec un homme.

Nous sommes créés l'un pour l'autre pour être ensemble, et profiter de ta présence est fabuleux.

Quand tu es loin, je veux embrasser ton mon âme, quand tu es proche, je veux que ces secondes, minutes, heures et jours avec toi, soient les plus heureux, ce temps pour moi est avec toi, merci, nous sommes si bien à deux.

Нежность, дверь души и одновременно очень важная составляющая любви, очень сложно описать словами нежность, но дверь назад закрыта, я улыбнулась и открыл двери, для тебя.

Нежность - это когда мы прикасаемся к душе тех, кого мы любим, сердцем, таять от нежности.

Душа наша всегда откликается на доброту, трогательность, нежность, вот почему я всегда в глубине души спрашиваю себя.

Я попробую описать словами, у тебя тонкая, нежная душа, и что-то теплое зашевелилось в моей душе, чувств ласкать чужие души, с нежностью и душевной щедростью, с взглядом душу мою ты тревожишь.

Как я могу забыть тебя, ты которая тронула мою душу.

Я тебе счастье надежду подарю, Любовь и радость, безмятежность, страсть и нежность!

У нас с тобой было все так, как мы мечтали в жизни, но никогда ранее не было, я хочу чтобы наши с тобой мечты сбылись, что могла бы жизнь быть совсем другой с тобой, что без тебя невозможна моя жизнь, мне нечего и я не хочу ничего скрывать от тебя, я люблю с тобой искренние и открытые доверчивые отношения.

Все эти года пролетели очень быстро с тобой, мы так много лет уже знакомы, так быстро пролетели годы, сейчас дни с тобой летят как один миг, счастливые годы с тобой, я так по тебе скучаю, я влюблен, как в первый день

La tendresse est la porte de l'âme, et en même temps une partie très importante de l'amour, il est très difficile d'expliquer la tendresse avec des mots, mais la porte était autrefois fermée, j'ai souri et ouvert la porte pour toi.

La tendresse est quand nous touchons l'âme de ceux que nous aimons, le cœur fond de tendresse.

Notre âme répond toujours à la douceur, au toucher, à la tendresse, voilà pourquoi dans les profondeurs mon âme j'en demande toujours.

Je vais essayer de l'expliquer avec des mots, tu as une âme délicate et douce, et quelque chose de chaud remua dans mon âme, les sentiments caressent les âmes des autres, avec tendresse et générosité spirituelle, avec un regard tu troubles mon âme.

Comment pourrais-je t'oublier, tu es celle qui a touché mon âme.

Je te donne l'espoir du bonheur, Amour et joie, sérénité passion et tendresse !

Nous avons eu toi et moi, tout ce dont nous rêvions dans la vie, mais qui n'avais jamais été auparavant, je veux que nos rêves deviennent réalité, que la vie puisse être complètement différente avec toi, que sans toi ma vie soit impossible, je n'ai rien et je ne veux rien te cacher, j'aime avec toi une relation de confiance sincère et ouverte.

Toutes ces années sont passées très vite avec toi, nous nous connaissons depuis tant d'années, les années passent si vite, maintenant les jours avec toi volent comme un instant, des années heureuses avec toi, tu me manques tellement, je suis amoureux, comme au premier jour.

Я думаю о твоей любви ко мне.

Любовь предполагает взаимность, глаза - не окна души, а двери, мы распахиваем эту дверь и входим через нее в любовь.

Любовь с первого взгляда, наверное, бывает, но явление это весьма редкое, это было между нами, так происходит всегда.

У меня очень сильное большое влечение к тебе, это невозможно описать словами, нужно быть рядом, чтобы все это почувствовать.

Влечение, как к человеку очень важен для меня в этой жизни, хочется быть рядом минуты...часы...дни...годы...жизнь.

Любовь должна сохраниться со всеми атрибутами, из которых главные – нежность и верность, я чувствую тепло любимых рук, твоих руки в моей.

Ты согреваешь душу мне, ты озаряешь жизнь мою, сердца наши любовью зажглись, когда люди готовы, им легко соединиться друг с другом: они будто две половинки одного целого.

Я ничего не боюсь, потому что твоя любовь со мной.

Будут самые счастливые дни в нашей жизни, в моей жизни.

Души помогают друг другу понять, Никто не знает наперёд, самое дорогое, что у тебя есть — это то, чего у тебя нет.

Я несу твоё сердце в своём.

Je pense à ton amour pour moi.

L'amour suppose la réciprocité, les yeux ne sont pas la fenêtre de l'âme mais la porte, nous ouvrons cette porte et y pénétrons par amour.

L'amour dès le premier regard, se produit probablement, mais le phénomène est très rare, cela fut entre nous, c'est toujours le cas.

J'ai une très forte et grande attraction pour toi, il est impossible de la décrire avec des mots, Il est besoin d'être proche, pour pouvoir tout ressentir.

L'attraction, pour une personne est très importante pour moi dans cette vie, je voudrais être à côté une minute... heure... jours... année... vie

L'amour doit être préservé avec tous les attributs, dont les principaux sont la tendresse et la loyauté, je sens la chaleur de mains aimées, tes mains dans les miennes.

Tu réchauffes mon âme, tu illumines ma vie, nos cœurs s'illuminent d'amour, quand les personnes sont prêtes, elles sont facilement reliées les unes aux autres : elles sont comme deux moitiés d'un tout.

Je n'ai peur de rien, parce que ton amour est avec moi.

Ce seront les jours les plus heureux de notre vie, de ma vie.

Les âmes aident à se comprendre l'un l'autre, personne ne sait à l'avance, la chose la plus précieuse que tu as, est ce que tu n'as pas.

Je porte ton cœur dans le mien.

Я все больше и больше убеждаюсь, что мы с тобой очень редкие люди, с очень чувственной душой и мы способны долго и искренне любить друг друга.

Но что будет, если мы потеряемся?

Это был бы для нас большой стресс и жизнь была бы без красок и удовольствия и мы могли бы заболеть об этом.

Сбежим от проблем на край света, туда, где есть спокойность.

Поэтому мы обязательно должны жить друг для друга, а сейчас мы будем, как пара в браке мы так хотим и мы уже готовы к этому.

Мы с тобой очень редкие люди, сильно чувственные и душевные, поэтому мы так сильно чувствуем друг друга.

Ты моя единственная любовь в этой жизни поверь мне.

В тайных недрах души только ты, твоя любовь прижимала к моему сердцу.

Большая душа никогда не бывает одинокой, я с тобой.

Без нежности твоей мы одиноки в этом мире, от сердца к сердцу, глаза в глаза, твоя рука в моей руке, твоя любовь так глубока.

Мы стали верить друг другу и проявлять свои чувства, то есть научились любить друг друга.

Мы становимся тем, о чем думаем.

Настоящая любовь всегда взаимна, все остальное это только видимость.

Я буду тосковать по тебе до последнего вздоха.

Je suis de plus en plus convaincu que nous sommes avec toi des personnes très rares, avec une âme très sensuelle et nous sommes capables de nous aimer longtemps et sincèrement l'un l'autre.

Mais que sera-t-il si nous nous perdons ?

Ce serait un grand stress pour nous et la vie serait sans beauté ni plaisir et nous pourrions tomber malades à cause de cela.

Enfuyons-nous au bout du monde, là où il y à la tranquillité.

Par conséquent, nous devons vivre l'un pour l'autre, et désormais nous serons comme un couple dans le mariage, nous le voulons tous les deux et nous sommes tous les deux déjà prêts pour cela.

Nous sommes avec toi des personnes très rares, très sensitives et sensuelles, c'est par cela que nous nous nous ressentons très fort l'un l'autre.

Tu es mon unique amour dans cette vie, crois-moi.

Dans les profondeurs secrètes de l'âme, seulement toi, ton amour est pressé contre mon cœur.

Une grande âme n'est jamais seule, je suis avec toi.

Sans ta tendresse nous sommes seuls en ce monde, du cœur pour le cœur, les yeux dans les yeux, ta main dans la mienne, ton amour est si profond.

Nous avons commencé à nous croire et à nous montrer nos sentiments, c'est-à-dire que nous avons appris à nous aimer l'un l'autre.

Nous devenons ce que nous pensons.

Le véritable amour est toujours réciproque, tout le reste n'est qu'une apparence.

Tu vas me manquer jusqu'à mon dernier souffle.

Доверие, я ценю доверие.

Самое дорогое, что было, есть и будет в отношениях между людьми.

И чем старше становлюсь, тем больше ценю это.

Это когда даже с закрытыми глазами, спиной, на расстоянии тысяч километров, это как каменная стена.

Чем старше я становлюсь, тем больше ценю эту простую и глубокую мудрость, постараюсь это доверие оправдать во всех ситуациях, доверие не знает сомнения, там, где начинается сомнение, доверие умирает.

Мы хотим обычные отношения, в которых люди не разделены расстоянием, как и всех нормальных пар.

Любовь - это, когда, несмотря на расстояние, ты доверяешь любимому человеку.

Несмотря на то, что нам постоянно рассказывают о том, как хорошо расстояниеукрепляет чувства, несмотря на расстояние, мы хотим, чтобы в нашей жизни были романтичные моменты.

Без любви смысла нет и рождаться а нам Бог позволил любить!

Доверие важно для нас с тобой, мы должны сохранить все то к чему мы так долго шли и строили наши с тобой отношения, нас всегда сильно притягивало друг к другу, так много лет мы с тобой, это серьезные отношения, с тобой рядом я чувствую надежность, покой в душе, приятную нежность, притяжение к тебе и я люблю все то что мы с тобой делаем когда вместе.

Я хочу делать с тобой все что нам захочется.

Я с тобой многое познаю, пробую, понимаю, чувствую, более глубокое душевное наслаждение одновременно для души и тела, что-то особенное есть в тебя, твоя душа очень глубокая.

Confiance, j'apprécie la confiance.

La chose la plus chère qui soit, est, et sera dans les relations entre les personnes.

Et plus je vieillis, plus je l'apprécie.

C'est quand même les yeux fermés,
dans le dos, à des milliers de kilomètres, il y a comme un mur de pierre.

Plus je vieillis, plus j'apprécie cette sagesse simple et profonde, je vais essayer de justifier cette confiance dans toutes les situations, la confiance ne connaît pas le doute, là où le doute commence, la confiance meurt.

Nous voulons des relations ordinaires, dans lesquelles les personnes ne sont pas séparées par la distance, comme tous les couples normaux.

L'amour est quand, malgré la distance, tu fais confiance à un être cher.

En dépit du fait qu'on nous dit constamment à quel point la distance renforce les sentiments, malgré la distance, nous voulons que dans notre vie il y ait des moments romantiques.

Sans amour il n'y a pas de sens à naitre et Dieu nous a permis d'aimer.

La confiance est importante pour nous avec toi, nous devons préserver tout ce que nous avons attendu depuis si longtemps et bâtir nos relations avec toi, nous avons toujours été fortement attirés l'un vers l'autre, nous sommes avec toi depuis tant d'années, c'est une relation sérieuse, avec toi à côté je ressens l'espoir, la tranquillité dans l'âme, une agréable tendresse, de l'attirance vers toi, et j'aime tout ce que nous faisons avec toi quand nous sommes ensemble.

Je veux faire avec toi tout ce que nous désirons.

J'apprends beaucoup avec toi, j'essaye, je comprends, je ressens, un plaisir spirituel plus profond en même temps pour l'âme et le corps, il y a quelque chose de spécial est en toi, ton âme est très profonde.

Мы так близки душой и одновременно далеки друг от друга.

Даже тот, кто сейчас далеко, может быть рядом, если он в твоем сердце.

Мы так похожи друг на друга.

Мы друг для друга выбраны любовью.

Если ты выберешь меня для себя, я буду жить для тебя осторожно и нежно.

Слишком знаем мы друг друга, чтоб друг друга позабыть.

Важно, чтобы мы всегда давали друг другу то, в чем нуждаемся.

Единением двух близких друг другу молчаний.

Мечты человека встретить родственную душу, взаимность - любовь,
которую мы дарим друг другу.

Моя мечта о тебе, свет в своей судьбе.

В интиме мы нашли друг в друге о чем мечтали и чего не было ранее в наших
жизнях. То что у нас с тобой в интиме душой и телом, мы не найдем уже ни в ком
другом, только ты и я.

Любимый человек - это тот, кто будет рядом в самые трудные моменты и не
откажется от тебя, даже, если от тебя отвернется весь мир, я так думаю для
серьезных искренних отношений между мужчиной и женщиной это важно.

Nous sommes si proches dans l'âme et en même temps loin l'un de l'autre.

Même celui qui est maintenant loin peut être proche, s'il est dans ton cœur.

Nous sommes si semblables l'un pour l'autre.

Nous nous sommes choisis l'un pour l'autre par l'amour.

Si tu me choisis pour toi, je vivrai pour toi, très soigneusement et tendrement.

Nous nous connaissons si fort l'un l'autre qu'il est impossible de s'oublier l'un l'autre.

Il est important que nous donnions toujours l'autre ce dont nous avons besoin.

L'unité pour deux proches, l'un l'autre en silence.

Rêves d'une personne de rencontrer l'âme sœur, la réciprocité dans l'amour
que nous donnons l'un l'autre.

Mon rêve de toi, est de la lumière dans mon destin.

Dans l'intimité, nous avons trouvé l'un dans l'autre ce dont nous rêvions et qui n'avait
pas été auparavant dans nos vies. Ce que nous avons avec toi dans l'intimité de l'âme et
le corps, nous ne le trouverons avec personne d'autre, juste toi et moi.

Un être cher est quelqu'un qui sera à côté dans les moments les plus difficiles et ne
t'abandonnera pas, même si le monde entier se détourne de toi, je pense que pour une
relation sérieuse et sincère entre un homme et une femme c'est important.

Люди могут быть физически близки, а души и сердца их — разделены.

Большинство людей убеждены, что у них только одна родственная душа, встреча и слияние с которой даст им чувство гармонии и целостности.

Такое случается очень редко, как правило, то, что души встречают на своём пути, предопределено их ожиданиями, внутренним самоощущением.

И каждый смайлик душу согревает, как созданы друг для друга.

Важно, чтобы мы всегда давали друг другу то, в чем нуждаемся.

Мы посвятили друг другу лавину чувств, как бы мы относились друг ко другу хотя бы один миг, все люди заслуживают уважения, мы заслуживаем друг друга, мы принимаем ту любовь, которую, как нам кажется, мы заслуживаем.

Когда кто-либо познает хотя бы один миг любви, один счастливый миг, такое остается в памяти надолго.

Мы сохраним нашу с тобой любовь, потому что это все что есть у нас в жизни, очень дороги нам эти чувства, это доказательство любви.

Мы очень нужны друг другу, мы друг для друга это продолжение нашей с тобой жизни вместе.

Les personnes peuvent être physiquement proches et leurs âmes et leurs cœurs séparés.

La plupart des personnes sont convaincues qu'elles n'ont qu'une seule âme sœur, la rencontre et la fusion leur donnera un sens d'harmonie et d'intégrité.

Ceci arrive très rarement, en règle générale, ce que les âmes rencontrent sur leur chemin est prédéterminé par leurs attentes, leur perception de soi.

Et chaque âme souriante réchauffe, comme faits l'un pour l'autre.

Il est important que nous donnions toujours l'un à l'autre ce dont nous avons besoin.

Nous avons consacré l'un à l'autre, une avalanche de sentiments, comme si l'un appartient à l'autre, ne serait-ce qu'un instant, toutes les personnes méritent le respect, nous nous méritons l'un l'autre, nous acceptons l'amour que nous pensons mériter.

Quand quelqu'un connaît au moins un moment d'amour, un instant de bonheur, cela reste dans la mémoire pour longtemps

Nous garderons notre amour avec toi, parce que c'est tout ce que nous avons dans nos vies, ces sentiments nous sont très chers, c'est une preuve d'amour.

Nous avons vraiment besoin l'un de l'autre, nous sommes avec toi, l'un pour l'autre la continuation de notre vie.

Считается, что родственная душа — это наша вторая половина, человек, с которым совпадают вкусы и ценности.

Вот с тех пор и соединились наши души.

О, к чему прилепилась наша душа, то мы любим, ценим, дорожим.

Вся душа человека, соединившись с духом, иже от Бога.

Бог дает нам дар любви к человеку.

Он омывает наши души своею милостью.

Найти родествую душу, дождалась взаимность, это самое важное, что может быть.

Еще не успели дождаться взаимности ? Это - главная ошибка.

Твоё сердце отказывается верить, но душа знаетистину.

Возможно, в душе он или она уже решили для себя.

Очень часто мы будем понимать друг друга без слов, наши души настроены на одни вибрации, такое общение происходит далеко за пределами языка.

Мы живём ради объятий любимого человека в миг тоски, чаще всего это происходит и если человек перестал слышать её потребности, душа найдет способ, глаза открою, посмотрю я в душу, с так радостно в душе и так воздушно с тобой.

А молитва губы разжимает и слова как бисеринки яркие с тобой, гармония души и тела – всё во тебе, если любишь меня, дай мне это знать, сохрани мою душу, скрепи сердце мое к тебе.

Я думаю то что мы с тобой сейчас испытываем друг к другу это то ради чего хочется жить мы -вдвоем и веры не теряем, для находить радость во всем, и просто жить и радоваться тем дням отпущенный тебе свыше, нам очень не хватает друг друга рядом, гляжусь в тебя, как в зеркало.

On considère que l'âme sœur est notre deuxième moitié, une personne avec qui les goûts et les valeurs coïncident.

Depuis lors, nos âmes sont liées.

Ce que notre âme accroche, aimons, apprécions, chérissons.

Toute l'âme d'une personne, s'unit à l'esprit, qui est aussi de Dieu.

Dieu nous donne le don de l'amour à la personne.

Il baigne nos âmes de sa miséricorde.

Trouver une âme sœur, attendre la réciprocité, est le plus important qui puisse être.

Pas le temps d'attendre la réciprocité ? C'est une erreur majeure.

Ton cœur le nie, mais ton âme connaît la vérité.

Peut-être que dans l'âme, il ou elle, a déjà décidé pour moi.

Très souvent, nous comprendrons l'un à l'autre sans paroles, nos âmes sont sensibles à une vibration, une telle communication se produit bien au-delà des limites de la langue.

Nous vivons pour l'étreinte d'un être cher dans un moment de nostalgie, cela arrive souvent et si une personne cesse d'entendre ses besoins, l'âme trouvera un moyen, j'ouvre les yeux et regarde dans mon âme, avec tellement de joie dans l'âme, tant d'air avec toi.

Et la prière des lèvres se délie et les mots comme des perles brillantes avec toi, l'harmonie de l'âme et du corps, tout est en toi, si tu m'aimes fais-moi le savoir, protège mon âme, attache mon cœur à toi.

Je pense qu'avec toi nous expérimentons désormais l'un pour l'autre ce pour quoi nous souhaitons vivre, nous deux ensemble ne perdrons pas la foi, pour trouver de la joie dans tout, et simplement vivre et avoir le plaisir avec ces jours sortis d'en haut, cela nous manque énormément de ne pas être ensemble, je te regarde comme dans un miroir.

Я не постеснялась и откровенно рассказал тебе о ранах моей души и поделилась с тобой тем, что закрыто было для других людей, мои переживания, раны нанесенные мне лживыми и нечестными людьми, исцели мои раны, согрей мою душу, когда моя душа в твоей груди, живу тобой.

Такое чувство, что мы с тобой судьбой и жизнью уже повенчаны, мы не можем друг без друга, я буду самым преданным тебе до конца своих дней, если ты будешь моя и только для меня, соединились наши судьбы и не надо случайных слов. Может быть у нас с тобой когда-нибудь будут обручальные кольца и для нас с тобой, давай будем так и пусть будет так с Божьей помощью!

И тогда с тобой во сне мы будем вместе, когда соединились наши души, как наступило вдруг так необходимое будет два сердца соединились. Я хочу, чтоб ты меня не забывала, тот пожар что мы с тобой зажгли, попрежнему в душе моей пылает, совсем не просто жить на этом белом свете, ты сделала все необходимое, чтобы выжить, я держусь за тебе, и осень падает к моим ногам листвой, твоя любовь залечивает раны из моей души в осенью моей жизни.

Я хочу, чтоб это никогда не заканчивалось и чтобы спустя много лет мы по-прежнему были вместе и с умилением вспоминали, как все начиналось.

Я глажу тебя, волосы, плечи, я чувствую сердце твое, как в груди стучит.

Разгорелась в душе любовь.

Тихо в груди стук сердца твой слышу.

Чувство, что сердце там кувыркается или сейчас выпрыгнет из груди, сердце то замирает на несколько секунд, трудно дышать – воздуха не хватает.

Это хорошо, что ты тут так близко моя душа.

Мы так близко в любое время дня и ночи.

Когда насытимся друг другом.

Мы никогда не пресыщены друг друга.

Мы не будем никогда полными из другого.

Je n'ai pas eu honte et je t'ai parlé franchement des blessures de mon âme, et partagé avec toi ce qui était fermé aux autres, mes expériences, les blessures que m'ont infligé des personnes menteuses et malhonnêtes, guéris mes blessures réchauffe mon âme, quand mon âme est dans ta poitrine, je vis par toi.

C'est un tel sentiment que nous sommes déjà mariés dans la vie et par le destin, nous ne pouvons pas l'un sans l'autre, je serai le plus dévoué jusqu'à la fin de mes jours, si tu es mienne et seulement pour moi, nos destins sont unis ensemble et n'ont pas besoin de mots au hasard. Peut-être que nous aurons un jour des bagues de fiançailles pour toi et moi, alors faisons-le, et que cela soit ainsi, avec l'aide de Dieu !

Et quand avec toi nous serons ensemble dans un rêve, quand nos âmes seront jointes, car soudainement devenues si nécessaires ce sera deux cœurs réunis. Je veux que tu ne m'oublies pas, le feu que nous avons allumé avec toi continue à brûler dans mon âme, il n'est pas du tout facile de vivre dans ce monde, tu as fait tout le nécessaire pour survivre, je te tiens, et l'automne tombe à mes pieds avec des feuilles, ton amour guérit les blessures de mon âme à l'automne de ma vie.

Je veux que cela ne finisse jamais et qu'après de nombreuses années nous soyons encore ensemble et avec émotion nous nous souvenions comment tout a commencé.

Je te caresse les cheveux, les épaules. Je sens ton cœur comme il frappe dans ma poitrine.

L'amour a éclaté dans l'âme.

Doucement dans ma poitrine, j'entends battre ton cœur.

Le sentiment que le cœur est en train de s'écrouler ou est sur le point de sauter hots de la poitrine, le cœur se fige alors pendant quelques secondes, difficile de respirer, il n'y a pas assez d'air.

C'est bien que tu sois si proche de mon âme.

Nous sommes si près à tout moment du jour et de la nuit.

Quand nous nous satisfaisons l'un de l'autre

Nous ne serons jamais rassasiés l'un de l'autre.
Nous ne serons jamais pleins d'un autre.

Приятно смотреть на пары одного возраста, интеллекта, образования, общих интересов и не важно, что люди из разных стран если мы с тобой совпали во всем, соединились наши с тобой души, наверное мы с тобой счастливые люди и судьба помогла нам с тобой встретиться в этой жизни и испытать так много приятных чувств, мы с тобой хорошие честные люди и наверное достойны любви и уважения, ты влияешь не только на свою судьбу, но не на судьбу другого человека, я знаю, что это ты влияешь моей души, влияешь на мою судьбу, обязанность жены.

Твоя любовь подлинна, твоя любовь волнует моей крови.

Счастье не ищут, как золото или выигрыш. Его создают сами, те, у кого хватает сил, знания и любви.

Талисман любви способен позитивно влиять на любовные отношения.

Это происходит за счет наполнения талисмана особой силой и энергией, талисманом с ключами твоей любви с свет твоей любви для меня, твоя любовь является для меня спасительным талисманом.

Талисман обладает способностью приносить его владельцу счастье, я.

Твоя Божественная любовь защитила меня, твоя любовь изменила жизнь мою, души слились в одну душу, и сердца соединились в одно сердце.

Мне приятно видеть твою улыбку, и прижимать тебя к своей груди.

Мое сердце лишь тебе принадлежит.

Я хочу всю жизнь свою с тобой прожить.

C'est agréable de regarder des couples du même âge, l'intellect, l'éducation, des intérêts communs, et peu importe que les personnes soient de différents pays, si nous coïncidons en tout avec toi, nos âmes sont connectées, nous sommes probablement avec toi des gens heureux et le destin nous a aidé à nous rencontrer dans cette vie et à éprouver tant de sentiments agréables, nous sommes de bonnes personnes honnêtes et probablement dignes d'amour et de respect, tu influences non seulement ton destin mais le destin d'une autre personne, je sais que tu influences mon âme, tu influences mon destin, c'est le rôle d'une épouse.

Ton amour est authentique, ton amour excite mon sang.

Le bonheur n'est pas recherché, comme l'or ou le gain. Il est créé par soi-même, celui qui à la force, et connait l'amour.

Le talisman de l'amour peut influencer positivement la relation amoureuse.

Cela est dû au remplissage du talisman avec une force spéciale et de l'énergie, un talisman avec les clés de ton amour, avec la lumière de ton amour pour moi, ton amour est pour moi un talisman salvateur.

Le talisman a la capacité d'apporter le bonheur à son propriétaire, moi.

Ton amour Divin m'a protégé, ton amour a changé ma vie, les âmes ont fusionné en une seule âme, et les cœurs se sont unis dans un seul cœur.

J'ai plaisir à voir ton sourire et à te presser contre ma poitrine.

Mon cœur n'appartient qu'à toi.

Je veux vivre avec toi toute ma vie.

Души дают клятвы для того, чтобы иметь возможность проявиться в телах.

Это клятва, клятва души, клятвы привязывают вас.

Любовь и клятва родственных душ порой настолько сильна.

Это клятва на всю жизнь, на душе становится светлее, теплее и радостнее.

А понимаем ли мы меру ответственности своих поступков?

Кто будет дарить ей эмоции, Любовь может победить всё, если ты действительно любишь всем сердцем и душой взаимность твоей любви, твоя любовь порождает ответной любви, а взаимная любовь прекрасна вдвойне.

Что является для нас смыслом жизни?

В глубине души, Любовь действительно необходима для мира и гармонии во всем творении, если ты действительно любишь Бога, то в твоей жизни.

Наше прошлое и будущее соединились сегодня в бесконечный и неразрывный союз, в поцелуе соединяются души.

Я хочу чтобы это все продолжалось и с каждым годом мы становились все ближе и дороже друг другу, чтобы наши чувства еще были сильнее и мы становились нежными и преданными друг другу до конца жизни.

Влюбленность – прекрасное чувство, ты единственная в моей жизни женщина с самыми искренними к меня чувствами и в самыми серьезными отношениями.

Наша верность это дорога к общему храму, она словно зажигает свечу-маяк, и мы с тобой продолжаем идти друг другу на встречу все ближе и ближе, мы не забудем с тобой, то свечку зажигать суждено в душа, эта свеча уже много лет горит в нас и не гаснет.

Les âmes se donnent des vœux afin d'avoir la possibilité de se manifester dans les corps.

C'est un serment, le serment de l'âme, les serments nous lient.

L'amour dans le serment des âmes sœurs est parfois très fort.

C'est un serment pour toute la vie, l'âme devient plus légère, plus chaleureuse et plus joyeuse.

Comprenons-nous l'étendue de la responsabilité de nos actions ?

Qui va lui donner des émotions, l'amour peut tout conquérir, si tu aimes vraiment de tout ton cœur et de toute ton âme, ton amour génère l'amour réciproque, un amour réciproque est doublement beau.

Quel est le sens de la vie pour nous ?

Dans les profondeurs de l'âme, l'amour est vraiment nécessaire pour la paix et l'harmonie dans toute la création, si tu aimes vraiment Dieu, alors il est dans ta vie.

Notre passé et avenir ont fusionné aujourd'hui dans une union sans fin et indissoluble, dans un baiser les âmes sont connectées.

Je veux que cela continue et chaque année qui passe nous devenions de plus en plus proches l'un de l'autre, afin que nos sentiments soient encore plus forts et que nous devenions tendres et dévoués l'un pour l'autre pour le reste de nos vies.

L'amour est un sentiment merveilleux, tu es la seule femme dans ma vie avec les sentiments les plus sincères envers moi et dans la relation la plus sérieuse.

Notre fidélité est la route vers le temple commun, c'est comme allumer une lampe-bougie, et nous continuons à nous rapprocher de plus en plus près, nous ne l'oublierons pas avec toi, cette bougie est destinée à être éclairée dans la nuit, cette bougie brûle en nous depuis de nombreuses années et ne s'éteint pas.

Относитесь к любви, как к кладу.

Я так прощалась с тобой, будто никогда тебя уже не увижу, и это не были мои губы, когда ты целовала меня, а моя душа, при этом наша душа трепещет и стремится ввысь, чтобы соединиться с Богом, как святая исповедь души, наши сердца в непрерывном волненьи, крепки объятья с трепетны чувства.

Наши сердца в непрерывном волненьи, нежной любви постигая, ты нежно обнимала и целовала меня, я четко помню каждый вздох, хочу, чтобы ты целовала меня бесконечно, так нежно, робко прикасаясь, то ведь так упоительно, головокружительно, сказочно, Любовь – это слово, в которое входит полный смысл жизни, она помогает заполнить вакуум в душе.

Именно любовь дает возможность понять человека, заглянуть в его душу.

Хочу увидеть тебя, прикоснуться к тебе, вдохнуть твой запах.

Обними же меня...

Я не знаю, как будут в жизни далее развиваться события, но я самый преданный и честный человек в твоей жизни и останусь такой до конца.

С тобой хочу прожить весь свой век, мы очень дороги друг другу и я и ты мы выражаем чувства любви и преданности мы будем долго вместе думаю всю жизнь, потому что не можем жить друг без друга.

Я просто чувствую и знаю мы очень нужны друг другу, и если не дай Бог с одним из нас что-то случится в этой жизни, то другой просто не переживет это.

Ты понимаешь?

На сколько мы глубоко друг в друге.

Traitez l'amour comme un trésor…

Je t'ai dit au revoir comme si je ne te reverrais plus jamais, et ce n'était pas mes lèvres quand tu m'as embrassé, mais mon âme, tandis que notre âme tremble et s'efforce de devenir haute pour se connecter avec Dieu, comme une sainte confession de l'âme, nos cœurs sont dans l'excitation permanente, dans une forte étreinte avec des tremblantes émotions.

Nos cœurs sont en perpétuelle effervescence, l'amour tendre comprend, tu m'as étreint et embrassé tendrement, je me souviens clairement de chaque soupir, je veux que tu m'embrasses pour toujours, si doucement, timidement touchant, c'est tellement délicieux, vertigineux, fabuleux, l'Amour est un mot, qui inclut le plein sens de la vie, il aide à remplir le vide dans l'âme.

Avoir de l'amour permet de comprendre une personne, de regarder dans son âme.

Je veux te voir, te toucher, respirer ton parfum.

Etreins moi alors …

Je ne sais pas comment les événements se développeront par la suite dans la vie, mais je suis la personne la plus dévouée et la plus honnête de ta vie et je le resterai jusqu'à la fin.

Avec toi je veux vivre toute ma vie, nous sommes tous les deux très chers l'un à l'autre, et toi et moi, nous exprimons nos sentiments d'amour et de dévotion, nous serons ensemble pendant longtemps, je pense que toute la vie, parce que nous ne pouvons pas vivre l'un sans l'autre

Je ressens juste et je sais que nous avons réellement besoin l'un de l'autre, et si malgré Dieu, il arrivait quelque chose à l'un dans cette vie, l'autre n'y survivra pas.

Comprends-tu ?

A quelle profondeur nous sommes l'un l'autre.

Я чувствую запах твоих духов за сотни метров, я помню твой запах кожи, и вкус твоих милых губ, будит вновь во мне воспоминания, мы с тобой одно целое, с тобой жизнь стала совсем другой, хочется жить, потому что ты есть в этой жизни, хочется жить, потому что ты есть.

Когда партнёры похожи, им легче понимать друг друга и легче притереться друг к другу, мы с тобой стали мужем и женой, это один из самых счастливых дней в нашей жизни, мы уже многое знаем друг о друге, чувствуем и понимаем, мы стали мужем и женой по близости, по нежности, и нету в целом мире ближе нас.

Я счастлив, что нашел тебя, то что между нами, такая глубокая нежность близость и душевность, только нежность глубока, только глубина обладает нежностью.

Мы совпали с тобой в такой нежности которая есть у тебя и у меня ранее мы в жизни не встречали таких близких нам людей, с тобой Любовь глубокой, нежности полна.

Мы совпали.

Мы совпали, еще не знаемничего о зле и добре, во всем у нас с тобой тихо спокойно и очень нежно вместе.

Ты моя последняя надежда на всю меня, любовь всей моей жизни.

Я чувствую какое сильное притяжение у нас друг к другу...каждую минуту мы в голове друг у друга в мыслях желаниях.

Я знаю чувствую и понимаю, что мы созданы друг для друга в этой жизни.

Мы отдали друг другу много теплых слов, признаний, искренних желаний.

Мы хотим быть и жить вместе это наше с тобой самое заветное желание.

Минуты когда рядом с тобой это такое счастье когда можно видеть твои глаза, можно нежно рукой касаться тебя и можно ласкаться о твое тело с нежные поцелуи, можно засыпать и просыпаться с тобой в одной кровати или гулять не отпуская твоей руки, улыбаться и говорить обо всем.

Je peux sentir le parfum de ton esprit sur des centaines de mètres, je me souviens de l'odeur de ta peau, et du goût de tes douces lèvres, qui se réveilleront à nouveau dans ma mémoire, toi et moi sommes un, ensemble, avec toi la vie est devenue complètement différente, je veux vivre, parce que tu es dans cette vie, je veux vivre, parce que tu es.

Lorsque les partenaires sont similaires, il est plus facile de comprendre l'autre et il est plus facile de s'habituer l'un à l'autre, nous sommes devenus avec toi mari et femme, c'est l'un des jours les plus heureux de notre vie, nous nous connaissons déjà beaucoup l'un l'autre, nous ressentons et comprenons, nous sommes devenus époux et épouse dans l'intimité, par tendresse, et il n'y a pas de plus proches que nous dans le monde entier.

Je suis content de t'avoir trouvée, qu'il y ait est entre nous, cette profonde tendresse, l'intimité et sensualité, seule la tendresse est profonde, seule la profondeur possède de la tendresse.

Nous avons coïncidé avec toi dans une telle tendresse, que tu as, et que j'ai, auparavant, nous n'avions jamais rencontré de telles personnes aussi proches dans notre vie, avec toi l'Amour est profond, la tendresse est complète.

Nous avons coïncidé.

Nous avons coïncidé, ne sachant toujours rien du mal et du bien, en tout avec toi tranquillement et très doucement ensemble.

Tu es mon dernier espoir pour moi tout entier, l'amour de toute ma vie.

Je ressens quelle forte attraction nous avons l'un pour l'autre, chaque minute nous sommes dans la tête l'un de l'autre en pensées et désirs.

Je sais que je ressens et comprends que nous sommes créés l'un pour l'autre dans cette vie.

Nous nous sommes donnés beaucoup de mots chaleureux, de confessions, de désirs sincères.

Nous voulons être et vivre ensemble, c'est notre désir le plus cher.

Les minutes passées à côté de toi sont d'une telle joie, quand je peux voir tes yeux, qu'il est possible de doucement te toucher la main, et possible de me blottir sur ton corps sur des tendres baisers, je peux m'endormir et me réveiller avec toi dans le même lit ou marcher sans lâcher tes mains, sourire et parler au sujet de tout.

Ты мне так дорога, что даже не представляешь как сильно, есть ты, и моя жизнь стала более спокойная и счастливая в любви с тобой, ранее мы в жизни не встречали таких близких нам людей и о многомы забыть пора.

Как здорово, что мы единомышленники, слова, которые способны выразить эти чувства, слова, идущие из глубины души и от самого сердца.

Как нежно прикоснемся мы, щека к щеке, губ в губ, где руки и губы знают что делать, мы совпали с тобой в такой нежности, мы с тобой одно целое.

Я очень скучаю по твоим глазам губам рукам, так хочется прижаться к тебе и почувствовать теплоту твоего тела и нежность, мы тебя очень любим и помним, наше счастье, наша жизнь, основанная на любви с нежности и мы совпали.

С тобой рядом словно маленький рай для двоих, иногда хочется молчать и чувствовать тебя рядом, а иногда нежность и желание переполняет тогда ты во мне и я в тебе, я только с тобой обрел покой в душе и в сердце и почувствовал настоящую нежность и желание, почувствую тепла от твоих объятий.

Когда все быстро случается между людьми, быстро заканчивается, люди чуть позднее понимают что совершили ошибку. У нас с тобой все случилось не быстро, потребовалось много лет, чтобы мы доверяли и понимали друг друга.

Есть одна традиция, которая объединяет все свадьбы - обряд обмена кольцами, такой знак был ты хотел чтобы мы были глубоко в душе друг друга и это всегда влекло и соединяло нас.

Обмен кольцами – не просто красивый ритуал, это огромный шаг, который должен совершаться раз в жизни. А обмен кольцами – это только видимый знак того, что таинство совершается.

Я нежно целую тебя а губы, такой долгожданный первый поцелуй, особенно нежный, когда это наконец случится, пусть будет нежным и страстным, очень важно вспомнить, какие эмоции мы испытывали, целуясь, на долгожданная встреча.

Сладкий, нежный страстный поцелуй способен вдохнуть новые эмоции в душа, особо страстный поцелуй, поцелуй с тобой будет очень нежный страстный долгожданный, появляется страсть в глазах, дыхание учащается, но коснуться друг друга не смеем когда прольетсядолгожданный стон.

Tu es si chère pour moi, que tu ne peux même pas imaginer combien c'est fort, il y a toi, et ma vie est devenue plus calme et heureuse dans l'amour avec toi, auparavant, dans la vie, nous n'avons pas rencontré de personnes aussi proches et il est temps d'oublier beaucoup de choses.

Comme il est agréable que nous partagions les mêmes idées, des mots qui peuvent exprimer ces sentiments, des mots venant des profondeurs de l'âme et du cœur lui-même.

Avec quelle douceur nous nous touchons, joue sur la joue, lèvres sur les lèvres, où les mains et les lèvres savent quoi faire, nous avons coïncidé avec toi dans une telle tendresse, toi et moi, sommes un tout.

Tes yeux, lèvres et mains me manquent beaucoup, je voudrais tant te cajoler et sentir la chaleur de ton corps et ta tendresse, nous aimons et nous nous souvenons de notre bonheur, notre vie fondée sur l'amour, avec tendresse et nous avons coïncidé.

Avec toi à côté, c'est comme un petit paradis pour nous deux, parfois je veux me taire et te sentir à côté, et parfois la tendresse et le désir me submergent quand tu es en moi et moi en toi, je n'ai trouvé la paix dans mon cœur et dans mon âme qu'avec toi, et j'ai ressenti une véritable tendresse et du désir, je ressens la chaleur de tes étreintes.

Quand tout se passe vite entre les personnes, se termine vite, les gens comprennent plus tard qu'ils ont fait une erreur. Chez nous, avec toi, tout n'a pas été vite, il a fallu de nombreuses années pour que nous nous fassions confiance et nous nous comprenions l'un l'autre.

Il y a une tradition qui unit tous les mariages - un rite d'échange d'anneaux, oui un tel signe était que tu voulais que nous soyons profondément dans l'âme l'un de l'autre et que cela nous attire et nous connecte pour toujours.

L'échange d'anneau n'est pas seulement un beau rituel, c'est une étape énorme qui doit être prise une fois dans sa vie. Et l'échange des anneaux - est le seul signe visible que le sacrement est effectué.

J'embrasse doucement tes   lèvres,   un premier baiser tant   attendu,   particulièrement tendre, quand cela arrive enfin, qu'il soit doux et passionné, il est très important de se rappeler quelles émotions nous avons éprouvées en nous embrassant, dans la rencontre si longtemps attendue.

Un   doux baiser   passionné peut   insuffler   de nouvelles   émotions   dans   l'âme, spécialement un baiser tendre et passionné, le baiser avec toi sera très tendre passionné et très longtemps attendu, il y a une passion dans les yeux, la respiration s'accélère, mais n'osant pas se toucher l'un l'autre quand le gémissement tant attendu est versé.

Мы совпали с тобой, совпали в день, запомнившийся я навсегда, как слова совпадают с губами.

Скажи мне нежно, мы совпали с тобой и тебя и нашу с тобой любовь я не предам, слеза блестит в твоих глазах.

Я чувствую что постепенно открыл в тебе твою нежность и душевность, в тебе, это было всегда но не для всех ты это открывал, в самой светлой любви есть две стороны, чистые нежные, благородные поступки, я не предам нашу с тобой любовь, это будет со мной навсегда, греет мне душу дарит мечты и приятные желания только с тобой, в твоих глазах я утонул.

Я очень надеюсь на наши с тобой благородные честные и взаимные поступки и чувства, никто не заменит мне тебя никогда.

У нас с тобой очень красивая любовь, редкая, глубокая и честная, уже много лет, как огня в душе, с чувствами, охватившими тело и душу.

Если судьба ведет нас так долго вместе, значит мы должны использовать этот шанс, мы хотим семейного счастья, тело говорит на своем собственном языке, у нас с тобой не только тело говорит, но и во всем остальном редкое совпадение.

У нас с тобой красивая любовь, нежные чувства и мы очень трепетно относимся друг у другу с уважением, все было предрешено для нас видимо Свыше и все случилось так как должно быть.

Хочу верить!

С возрастом учишься мгновенно определять своих.

Смотришь на человека и за секунду понимаешь, что знаешь о нем главное - он свой.

Все остальное уже не имеет значения.

С этого момента страх пропадает, барьеры рушатся, а души открываются друг другу.

Nous avons coïncidé avec toi, coïncidé en un jour, et nous en souvenons pour toujours, comme si les mots coïncident avec les lèvres.

Dis-moi tendrement, nous avons coïncidé avec toi, et je ne te trahirai pas, ni notre amour avec toi, une larme brille dans tes yeux.

Je ressens que peu à peu j'ai progressivement ouvert en toi ta tendresse et ta sincérité, c'était là depuis toujours en toi, mais pas découvert pour tout le monde, dans l'amour le plus léger, il y a deux côtés, honnêtes et nobles actions reconnaissantes, je ne trahirai pas notre amour avec toi ce sera avec moi pour toujours, réchauffer mon âme, me donne des rêves et des désirs agréables seulement avec toi, dans tes yeux, je me suis noyé.

J'espère beaucoup en la noblesse de nos honnêtes actions, et la réciprocité des actes et sentiments, pour moi, personne ne te remplacera jamais.

Nous avons avec toi un très bel amour, rare, profond et honnête, déjà depuis de nombreuses années, comme un feu dans l'âme, avec des sentiments balayant le corps et l'âme.

Si le destin nous réunit si longtemps ensemble, alors nous devons utiliser cette chance, nous voulons le bonheur familial, le corps parle sa propre langue, nous avons avec toi non seulement le langage du corps, mais dans tout le reste dans une coïncidence rare.

Nous avons avec toi un bel amour, des sentiments tendres et nous sommes très prudents l'un envers l'autre avec respect, tout était prédéterminé pour nous apparemment d'en haut et tout est arrivé comme il devrait être.

Je veux y croire !

Avec l'âge, tu apprends à déterminer instantanément les tiens.

Tu regardes la personne et pendant une seconde tu comprends que vous sais d'elle la chose principale, elle est à toi.

Tout le reste n'a pas d'importance.

A partir de ce moment, la peur disparaît, les barrières s'effondrent et les âmes s'ouvrent l'un l'autre.

Мы далеко друг друга и души близки.

Моя душа для тебя обнаженная, голая, ты все знаешь обо мне.

Дорогогая будь готова полностью для моей нежности и любви, для медовый месяц.

Ты должна верить и доверять меня во всем, это самое важное для тебя в жизни.

Понимаешь?

Мы должны получить очень много приятных эмоций, здоровья, нежности, любви и покоя и очень долго вспоминать об этом.

На расстоянии незримом, я прикоснусь к твоим губам, я прикоснусь к твоей душе, и нежности вновь сблизит нас губами, твои губы, которые с каждым днем становятся все нежнее.

А сейчас я хочу вновь ощутить твой нежный и романтичный поцелуй.

Мог ли мечтать о тебе?

Ýмные мужчину влюбляются в одну женщину и эту любовь проносят на всю свою жизнь, потому что в этой женщине есть особенная изюминка, особый шарм и нежность и душевностью свойственные только ей одной, это ты, так приятно просто обнимать тебя снова, о, как минуты те бесценны, они - отрада наших дней.

Мне приятно обнимать тебя, а еще приятнее думать о тех ночах, которые мы провели вместе, как же я тебя очень сильно люблю, мне так приятно тебя обнимать, целовать, когда я смотрю на тебя, мне становиться так радостно на душе.

Nous sommes loin l'un de l'autre et les âmes sont proches.

Mon âme est découverte pour toi, nue, tu sais tout à propos de moi.

Chérie, sois totalement prête pour ma tendresse et mon amour, pour la lune de miel.

Tu dois me croire et me faire confiance en tout, c'est la chose la plus importante pour toi dans la vie.

Comprends-tu ?

Nous devons obtenir beaucoup d'émotions agréables, santé, tendresse, amour et de la quiétude, et nous nous souviendrons de cela pendant très longtemps.

A une distance invisible, je vais toucher tes lèvres, je vais toucher ton âme, et la tendresse réunira de nouveau nos lèvres, tes lèvres qui deviennent chaque jour plus tendres.

Et maintenant je veux ressentir à nouveau ton tendre et romantique baiser.

Puis-je rêver de toi ?

Un homme intelligent tombe amoureux d'une seule femme et cet amour transporte toute sa vie, parce que cette femme a un parfum spécial, un charme particulier et la tendresse et la sincérité et la spitritualité, des caractéristiques à elle seule, c'est toi, tellement agréable de t'étreindre à nouveau, o combien ces minutes sont précieuses, elles sont le réconfort de nos vies.

C'est agréable de t'étreindre, et c'est encore mieux de penser à ces nuits que nous avons passées ensemble, Je t'aime si fort, cela m'est si agréable de t'étreindre, t'embrasser, quand je te regarde, je deviens si heureux dans mon âme.

Быть с людьми, которых любишь, это все, что нам нужно, мечтать, говорить с ними, молчать возле них, думать о них, думать о вещах более безразличных, но в их присутствии, не все ли равно, что делать, лишь бы быть с ними.

Мы правда можем очень много друг для друга, потому что с каждым годом ты все больше заполняешь меня с твоя любовь, живешь в моей голове и в моих мыслях, и получаем много удовольствия от всего этого, ты и я.

Лишь тем мечтам суждено исполниться которые идут от сердца.

Нужно жить с нежностью в душе, с любовью к окружающим.

Твоя щедрость не знает границ, наша с тобой нежность это редкий дар, очень чувственно.

Я хочу показать тебе потенциал любви, хочунаучить тебя любить, я твой покорный слуга, хочу тебя в жаркие объятия.

Обнимаю тебя с нежностью!

Être avec les gens que tu aimes est tout ce dont nous avons besoin, rêver, parler avec eux, garder le silence sur eux, penser à eux, penser à des choses plus indifférentes, mais en leur présence, ne rien faire d'autre qu'être avec eux.

Nous pouvons vraiment beaucoup l'un pour l'autre, car chaque année tu me remplis de plus en plus de ton amour, tu vis dans ma tête et dans mes pensées, et nous obtenons beaucoup de plaisir de tout cela, toi et moi.

Seuls les rêves qui viennent du cœur sont destinés à s'accomplir.

Il est nécessaire de vivre avec tendresse dans l'âme et de l'amour tout autour.

Ta tendresse ne connait pas de limites, notre tendresse avec toi est un don rare, très sensuel.

Je veux te montrer le potentiel de l'amour, je veux t'apprendre à aimer, je suis ton humble serviteur, je te veux dans une chaude étreinte.

Je t'étreins avec tendresse !

Добрая душа человека выделяет светлую положительную энергию, то что случилось между нами искренняя чувственность, и то что мы чувствуем друг к другу, это по велению Бога!

Каждая отдельная мысль, каждое наше действие, каждое чувство определяет то, кем мы становимся.

Любовь – самое прекрасное и самое человечное из всех человеческих чувств.

Понимаешь я словно душой вдохнул в тебя свою любовь.

Я пил твою души неспешно, за глотком глоток и также вдыхал в тебя свою душу.

Родные две души, вдруг повстречались, ты и я глаза в глаза.

Я тебя по прежнему обожаю.

Когда читаю, эти слова они проникают в такую глубину души.

Лишь голос твой поет в моих стихах.

Я словно буду кормить твоя любовь за глотком глоток.

Мужчина питается от женской энергии, поток энергии, который питает романтическую любовь

Интимная гармония питает любовь.

Этого счастья достигнете, если, питая любовь, друг к другу

Я пойду за тобой.

Я хочу принадлежать только тебе, готов идти за тобой до конца.

Мы с тобой редкие люди и очень чувственные и любим все очень нежно с душой откровенно.

Открытое общение между любящими людьми укрепляет их союз, питает любовь.

La douce âme d'une personne dégage une énergie positive vive, ce qui s'est passé entre nous, notre sensualité sincère, et ce que nous ressentons l'un pour l'autre, est à la demande de Dieu !

Chaque pensée, chaque action, chaque sentiment détermine qui nous devenons.

L'Amour est le plus beau et le plus humain de tous les sentiments humains.

Tu comprends, toute mon âme a été aspirée en toi par mon amour.

J'ai bu ton âme lentement à petites gorgées et j'ai aussi inhalé mon âme en toi.

Deux âmes sœurs se sont trouvées, toi et moi les yeux dans les yeux.

Je t'adore toujours.

Quand je lis ces mots, ils pénètrent dans de telles profondeurs de mon âme.

Seule ta voix chante dans mes poèmes.

Je vais me nourrir de ton amour à petites gorgées.

L'homme boit l'énergie féminine, le flux d'énergie qui nourrit l'amour romantique.

L'harmonie intime nourrit l'amour

Ce bonheur sera atteint si, si l'amour nourrit l'un de l'autre.

Je vais te suivre.

Je ne veux appartenir qu'à toi, prêt à te suivre jusqu'au bout.

Nous sommes des personnes rares avec toi, et très sensitifs et nous aimons tout très tendrement, avec une ouverture de l'âme.

La communication ouverte entre les personnes aimantes, renforce leur union, nourrit l'amour.

Берегите нежности минуты, нам бывает очень трудно удержать мгновенье навсегда.

Ты и я должны сохранить каждую секунду, время через пальцы убегает.

Лишь намного позже понимаешь, счастье усыпляет душу.

Весь мир не способен заменить любимого человека.

Мы должны защитить само существование наша Любовь.

Сад души удивительно чуткий если любишь.

Я не смогу без тебя жить, какое это огромное счастье - любить и быть любимым.

Это то что я писал тебе долгие годы, без тебя душа моя пустая.

Мы очень бережно относились друг друга мы так много лет шли с тобой к этому.

Ведь это так редко когда встречаешь родную душу, важно не потерять.

Между нами очень много положительной и очень приятной энергии, я так чувствую. Все что происходит между нами тоже по велению Бога, он к нам благосклонен, думаю мы с тобой заслужили в этой жизни немного счастья быть вместе.

Prenez soin d'une minute de tendresse, il nous est très difficile de retenir le moment pour toujours.

Toi et moi devons sauvegarder chaque seconde, le temps file entre les doigts.

Seulement beaucoup plus tard tu comprends que le bonheur berce l'âme.

Le monde entier ne remplace pas la personne aimée.

Nous devons protéger l'existence même de notre amour.

Le jardin de l'âme est étonnamment sensible si tu aimes.

Je ne peux pas vivre sans toi, quel bonheur immense, que d'aimer et d'être aimé.

C'est ce que je t'ai écrit de longues années, sans toi mon âme est vide.

Nous nous sommes traités très soigneusement l'un l'autre, nous attendions avec toi cela, depuis tant d'années.

Après tout c'est si rare quand tu rencontres une âme sœur, il est important de ne pas la perdre.

Il y a beaucoup d'énergie positive et très agréable entre nous, je le ressens. Tout ce qui se passe entre nous est aussi selon le commandement de Dieu, il nous est favorable, je pense que nous méritons avec toi dans cette vie un peu de bonheur ensemble.

Я глаза твои все время вспоминаю.

Я буду тебе дарить такую нежность которой у тебя не было никогда.

Каждый встречает того человека с которым будет просто хорошо, уютно и спокойно, где ничего не ждут взамен, это чудесно, была наша встреча.

Было много красиво и душевно все очень глубоко для нас.

Не важно: Какой цвет глаз.

Важно совсем другое, какое место ты занимаешь в жизни этого человека.

В жизни главное — счастье, а оно у каждого свое, и ты мое счастье.

Это категория опять же внутренняя.

Самые счастливые мгновения, люблю вспоминать наши счастливые моменты.

Сладкий аромат твоей любви, выражении твои эмоции.

Это очень дорогой подарок от тебя.

Je me souviens de tes yeux tout le temps.

Je vais te donner une telle tendresse que tu n'as jamais eue.

Tout le monde rencontre cette personne avec qui ce sera juste bon, confortable, et paisible, là où rien n'est attendu en retour, c'est merveilleux, ce fut notre rencontre.

Il y eut beaucoup de beauté et de sensualité, tout fut très profond pour nous.

La couleur des yeux n'est pas importante.

Le plus important est tout autre chose, quelle place tu occupés dans la vie de cette personne.

Dans la vie, l'essentiel est le bonheur, chacun à le sien, et tu es le mien.

Cette catégorie est encore intérieure.

Les moments les plus heureux, j'aime me souvenir de nos moments de bonheur.

Le doux arôme de ton amour, l'expression de ton émotion.

Est un cadeau très cher de ta part.

У меня так мало в жизни было счастливых дней.

Ты мне даришь такие незабываемые дни эмоции и впечатления.

Я даже за эти чувства буду благодарить тебе всю свою жизнь, до конца.

Я люблю тебя очень сильно и хочу навсегда подарить тебе свое, наполненное.

Обещаю.

Так мало радости и счастья в наших жизнях.

Я чувствую, что с каждым днем все глубже в своих чувствах.

Чем больше ты будешь нежная ко мне, тем больше я смогу отдать тебе своей нежности, какой нежности и любви, о которой ты мечтала всегда.

Мы будем вспомнимать очень долго об этом, теплота двух любящих сердец.

Мы должны беречь друг друга и наши с тобой такие редкие светлые чувства, время так незаметно утекает и хочется как можно больше с тобой побыть в этой жизни.

J'ai eu si peu de jours heureux dans ma vie.

Tu me donnes d'inoubliables jours d'émotions et d'impressions.

Et pour ces sentiments je te serai reconnaissant toute ma vie, jusqu'à la fin.

Je t'aime énormément et je veux te donner ma plénitude pour toujours.

Je le promets.

Il y a si peu de joie et de bonheur dans nos vies.

Je ressens cela chaque jour, plus de profondeur dans mes sentiments.

Plus tu seras tendre avec moi, plus je peux te donner ma tendresse, cette tendresse et cet amour dont tu as toujours rêvé.

Nous nous souviendrons très longtemps de cela, la chaleur de deux cœurs amoureux.

Nous devons protéger l'un l'autre avec toi, ces rares sentiments, le temps s'écoule si imperceptiblement et je veux passer plus de temps avec toi dans cette vie.

Родство твоей души я чувствую своей душой, когда мы встретились, я очень ясно ощутил, что ты – это часть меня самого.

Я очень давно чувствую твою душу я тебя очень сильно люблю, душой, сердцем, телом и каждой клеточкой.

Я буду дарить тебе все о чем ты со мной хотела.

Твоя душа осталась во мне.

Твоя душа и тело тоже помнят меня.

Родство твоей души я чувствую своей душой.

Ты часть меня.

Мне так хочется и это важно для меня подарить такую нежность тебе, порыв моей души.

Жизнь особенно полна чудес тогда, когда посылает нам людей не родных по крови, но родных по души.

Если ты нашёл родную душу, может моя, береги и никогда не отпускай, самое главное, ценить истинные чувства.

Ты ждешь этих дней?

Около родную душу в тёплой, поддерживающей отношения.

Je ressens la relation de ton âme avec mon âme, quand nous nous sommes rencontrés, j'ai très clairement senti que tu faisais partie de moi.

J'ai ressenti ton âme depuis très longtemps, je t'aime très fort, avec mon âme, mon cœur, mon corps et chaque cellule.

Je te donnerai tout ce que tu veux avec moi.

Ton âme est restée en moi.

Ton âme et aussi ton corps se souviennent de moi.

Je ressens la relation de ton âme avec mon âme.

Tu es une partie de moi.

Je le veux tellement et c'est important pour moi, te donner une telle tendresse, l'impulsion de mon âme.

La vie est particulièrement pleine de miracles quand elle nous envoie des personnes qui ne sont pas parents par le sang, mais qui sont proches dans l'âme.

Si tu trouves ton âme sœur, peut être la mienne, prends en soin et ne la laisse pas partir, le principal, et d'apprécier les vrais sentiments.

Tu attends ces jours ?

Dans une relation chaleureuse et de soutien.

Быть с людьми, которых любишь, это все, что нам нужно, и то что успокоит и отогреет твою душу.

Мечтать, говорить с ними, молчать возле них, думать о них, думать о вещах более безразличных, но в их присутствии, не все ли равно, что делать, лишь бы быть с ними.

Когда человек полон жизни, он не спрашивает, зачем ему жить, он живет, оттого что жить — это же здорово.

Я уже давно понял что мы созданы друг для друга, такая нежность близость уважение и желание бывает очень редко а у нас с тобой все это есть и уже долгие годы.

Знаешь я больше всего боюсь потерять тебя, я знаю, что не смогу без тебя и и ты тоже.

Я прижму тебя нежно к себе и буду нежно касаться поцелуями твоих губ и твоего лица, и своими губами осушу твои слезы и буду нежно гладить тебя по волосам.

Между двумя всегда есть преграды: время, расстояния, взгляды, привычки, люди. И если двое все равно тянутся друг к другу - эти преграды превращаются в крепчайшую связь. Все, что не разлучает нас, делает нас ближе.

Être avec les personnes que tu aimes est tout ce dont nous avons besoin, et cela apaise et réchauffe ton âme.

Rêver, leur parler, garder le silence sur eux, penser à eux, penser à des choses plus indifférentes, mais en leur présence, quoi faire de plus important, que juste être avec eux.

Quand une personne est pleine de vie, il ne demande pas pourquoi il devrait vivre, il vit parce que c'est bon de vivre.

J'ai longtemps compris que nous sommes créés l'un pour l'autre, une telle tendresse et proximité, respect, et désir, arrive très rarement, et nous avons tout cela avec toi depuis de nombreuses années.

Tu sais, j'ai très peur de te perdre, je sais que je ne peux pas sans toi, et toi aussi.

Je vais te serrer tendrement à moi et toucher doucement les baisers de tes lèvres et ton visage, et avec mes lèvres, je vais drainer tes larmes et caresser doucement tes cheveux.

Entre deux, il y a toujours des barrières : le temps, les distances, les points de vue, les habitudes, les gens. Et si deux personnes sont encore attirées l'une par l'autre, ces barrières deviennent le lien le plus fort. Tout ce qui ne nous sépare pas nous rapproche.

Идя по жизни, мы все время неосознанно ищем свою вторую половинку – родную нам душу, человека с которым чувствуешь себя безмерно радостным.

Иногда мы встречаем людей, к которым нас безудержно тянет, мы чувствуем с ними непрерывную связь, которую сами не в силах объяснить.

Связь очень глубокая, непрерывная, нисмотря на расстояния и километры.

Я хочу разделить с тобой жизнь, ты и я, одна дорога, одна судьба, одна жизнь.

Мы с тобой идеальная пара, совпадаем во всем.

Это все райское наслаждение с тобой.

Твоя душа голая для меня, моё сердце в твоих руках, твои глаза мое сердце пронзили, одним взглядом.

Я раздеваю тебя глазами, я хочу увидеть твое нежное тело.

Я у твоих ног.

En passant par la vie, nous sommes tout le temps inconsciemment à la recherche de notre seconde moitié, notre âme sœur, la personne avec laquelle tu te sens toi-même immensément joyeux.

Parfois nous rencontrons des gens vers qui nous sommes impatiemment attirés, nous ressentons avec eux un lien continu, qu'ils ne peuvent eux-mêmes expliquer.

La connexion est très profonde, continue, malgré la distance et les kilomètres.

Je veux partager avec toi la vie, toi et moi, une route, un destin, une vie.

Nous sommes avec toi un couple parfait nous coïncidons en tout.

C'est tout un plaisir céleste avec toi.

Ton âme est nue pour moi, mon cœur est entre tes mains, tes yeux ont percé mon cœur d'un seul regard.

Je te déshabille du regard, je veux voir ton tendre corps.

Je suis à tes pieds.

Как же мне хочется иметь душевное спокойствие во тебе, я хотел сказать, что ты самая добрая, самая нежная и самая красивая из всех женщин. Я в жизни не встречал человека, который был бы так добр к людям, вкрадчиво, тихим голосом, я чувствую вибрацию твоих еле уловимых переживаний, здесь любовные переживания перекликаются с тобою, и неразлучно я буду всегда твой.

Нежность позволяет выйти за собственные границы, преодолеть изначальное, экзистенциальное чувство одиночества.

Через поцелуй влюбленные доказывают свои чувства.

Нежность - это когда мы прикасаемся к душе тех, кого мы любим.

Нежность - спутница счастья, в этом и ее огромная сила.

Нужно воспитывать душу.

Как надо научиться слушать свою душу.

Нежности просто ключ к сердцу любимой женщины.

Ключ необходимо найти.

Используй свою.

Иногда всё, что тебе нужно — это второй шанс, потому что твой возраст или мировоззрение не были готовы к первому, нет такого возраста, в котором поздно менять судьбу, счастливые люди безумны, им ничего не нужно, они глубоко уверены в том, что всё, что нужно уже есть, из двух половинок любовь получается полная.

И, ведь правы.

Сегодня много думал о тебе ночью, теперь понимаю почему, вместе думали одновременно, твоя душа очень глубоко чувствующая и понимающая.

Combien je voudrais avoir la tranquillité dans l'âme en toi, je voulais dire que tu es la plus gentille, la plus douce et la plus belle de toutes les femmes. Je n'ai jamais rencontré une personne dans ma vie qui fut si gentille avec les personnes, doucement, à voix basse, je sens la vibration de tes expériences à peine perceptibles, ici les expériences d'amour résonnent avec toi, et inséparablement je serai toujours tien.

La tendresse permet d'aller au-delà de vos propres limites, de surmonter le sens originel et existentiel de la solitude.

A travers un baiser, les amoureux prouvent leurs sentiments.

La tendresse est quand nous touchons l'âme de ceux que nous aimons.

La tendresse accompagne le bonheur, en raison de cela elle est très forte.

Il est nécessaire d'éduquer l'âme.

Comme il est nécessaire d'écouter son âme.

La tendresse est simplement la clef du cœur de la femme aimée.

La clef doit être trouvée.

Utilise la tienne.

Parfois, tout ce dont vous avez besoin est une seconde chance, car votre âge ou votre vision du monde n'étaient pas prêts pour le premier, Il n'y a pas d'âge et il n'est jamais trop tard pour changer de destin, les gens heureux sont fous, Ils n'ont besoin de rien, Ils sont profondément confiants dans ce que tout ce qui leur est nécessaire, est déjà là, à partir de deux moitiés l'amour s'avère plein.

Et, après tout, ils ont raison.

Aujourd'hui, j'ai beaucoup pensé à toi la nuit, maintenant je comprends pourquoi, nous avons pensé ensemble en même temps ton âme est compréhensive elle ressent profondément.

Вы должны доверять своему внутреннему голосу.

Научитесь доверять своему внутреннему голосу, ваши инстинкты существуют не просто так, они созданы для того, чтобы указывать вам правильное направление и помогать принимать правильные решения.

Быть готовым поступить правильно.

Это прекрасное чувство, когда встречаешь родную душу.

А Вы уже нашли ее - свою родственную душу?

Если к кому-то потянулась душа, не сопротивляйтес, она единственная точно знает что нам надо, душа бессмертна, предназначена для вечной жизни.

Любовь — это то же, что дыхание, дыхание души, по сути, все мы хотим лишь одного: быть с тем, кому мы нужны.

Каждому хотелось бы найти идеальную пару.

Каждому хотелось бы найти идеальную пару, и с тобой у мне идеальную пару.

Не убегай от меня в те моменты, когда ты мнеочень нужен, не молчи, когда я хочу послушать тебя, каждый раз когда я тебя видел, моё сердце билось всё сильней, мне так нравился, у нас собраны самые теплые, чувственные и красивые признания, я тебя люблю за твои безумно красивые глаза, которые смотрят на меня

Я хочу смотреть в твои глаза, если ты сможешь любить меня и беречь, со всеми моими душевными шрамами и телесными, я буду преданный тебе вечно, у тебя очень тонкая душа, ты научил меня доверять тебе, я не существую без тебя.

Vous devez faire confiance à votre voix intérieure.

Apprenez à faire confiance à votre voix intérieure, vos instincts existent pour une raison, ils sont conçus pour vous orienter dans la bonne direction et vous aider à prendre les bonnes décisions.

Etre prêt à faire le bon choix.

C'est un sentiment merveilleux quand vous rencontrés votre âme sœur.

Avez-vous déjà rencontré votre âme sœur ?

Si l'âme était attirée par quelqu'un, ne résistez pas, elle est la seule à savoir exactement ce dont nous avons besoin, l'âme est immortelle, destinée à la vie éternelle.

L'amour est la même chose que la respiration, la respiration de l'âme, en fait, nous ne voulons tous qu'une seule chose : être avec celui dont nous avons besoin.

Tout le monde aimerait trouver son partenaire parfait.

Tout le monde voudrait trouver le partenaire parfait, et avec toi j'ai la paire idéale.

Ne me fuis pas quand j'ai vraiment besoin de toi, ne garde pas le silence quand je veux t'écouter, chaque fois que je t'ai vue, mon cœur battait de plus en plus fort, cela me plait tellement, nous avons les confessions les plus chaudes, les plus sensuelles et les plus belles, je t'aime pour tes yeux incroyablement beaux quand ils me regardent

Je veux regarder dans tes yeux, si tu peux m'aimer et me préserver, avec toutes mes cicatrices mentales et corporelles, Je te serai dévoué pour toujours, tu as une âme très délicate, tu m'as appris à te faire confiance, je n'existe pas sans toi.

Жизнь выглядит бессмысленной пока не полюбишь, Любовь придаёт вашей жизни смысл, потому что Любовь – царица добродетелей.

Человеку, спрашивающему о смысле жизни не достаёт любви, когда человек любит, он никогда не спросит о смысле жизни, он знает смысл, ему нет нужды спрашивать.

Смысл есть, смыслом жизни является любовь.

Любовь живёт ровно столько двое хотят, чтобы она жила.

А ты помнишь, в любви клялись мы друг-другу?

Воспоминания не умирают.

Любовь не живет одними воспоминаниями.

Душу мучает порой.

Страсть – это болезнь души, а знаешь, как, нет любви без риска, а без любви нет сердца у людей.

Любимый человек - это отражение твоей души, это твоё дыхание, это ощущение полного счастья, это тот, кто тебя греет изнутри, это твой пульс, зовущий через сотни галактик, это дрожь, когда ты слышишь его голос, это твой мир, а сердце разрывается и потихоньку стонет душа, я отдаю тебе свою любовь, С тобой с каждым годом глубже, без тебя, моя душа часто болит, с много глубоких душевных ран, о которых никто не знает.

Нужно ценить каждый миг, ведь человеку не суждено знать, когда погаснет его свеча, я ценю с тобой каждый миг, люблю так с тобой.

Теперь я уверен, что у нас с тобой только все еще начинается, оказались у нас с тобой серьезные чувства, вот поэтому такой долгий путь пришлось нам с тобой пройти. Глубина наших с тобой душ и чувств, вот что привлекает больше всего, я люблю тебя именно такой любовью. Я стремлюсь к тебе каждой клеточкой своего тела, живу, только когда вижу тебя, живу тобой и не нуждаюсь в воздухе, истинная энергетика любви сильна.

La vie semble dénuée de sens, jusqu'à ce que tu tombes amoureux, l'amour donne un sens à votre vie, parce que l'Amour est la reine des vertus.

Une personne qui pose des questions sur le sens de la vie manque d'amour, quand une personne aime, il ne demandera jamais sur le sens de la vie, il en connaît le sens, il n'a pas besoin de demander.

Le sens est que la signification de la vie est l'amour.

L'amour vit autant et combien deux veulent qu'il vive.

Te souviens-tu, dans l'amour nous nous sommes jurés l'un à l'autre ?

Les souvenirs ne meurent pas.

L'amour ne vit pas dans la solitude de ses souvenirs.

L'âme est tourmentée par moments.

La passion est la maladie de l'âme, et tu sais quoi, il n'y a pas d'amour sans risque, et sans amour il n'y a pas de cœur chez les personnes.

Un être cher est un reflet de votre âme, c'est ton souffle, c'est un sentiment de bonheur total, c'est celui qui te réchauffe de l'intérieur, c'est ton pouls, appelant à travers des centaines de galaxies, il tremble quand tu entends sa voix, c'est ton monde, le cœur se déchire et l'âme gémit doucement, je te donne mon amour. Avec toi chaque année c'est plus profond, sans toi, mon âme a souvent mal, avec beaucoup de blessures profondes dont personne ne sait.

Nous devons apprécier chaque moment, car une personne n'est pas destinée à savoir quand sa bougie s'éteint, j'apprécie avec toi chaque instant, j'aime cela avec toi.

Maintenant je suis sûr que toi et moi ne faisons que commencer, il s'est avéré que nous avons des sentiments sérieux, c'est pourquoi nous avons dû traverser un si long chemin. La profondeur de nos âmes et de nos sentiments, voilà ce qui attire pardessus tout, Je t'aime avec un tel amour. Je lutte pour toi avec chaque cellule de mon corps, je vis seulement quand je te vois, je ne vis que par toi et n'ai pas besoin d'air, la véritable énergie d'amour est forte.

Взаимопонимание.

Взаимопонимание - готовность услышать и понять друг друга. Основа взаимопонимания - сходство, общение и теплота душа.

Взаимопонимание между людьми - важнейшая составляющая общения.

Когда родные души вдалеке, значение теряет расстоянье, только родные души могут душа в душу.

Они, в самом деле, поняли друг друга.

Мы с тобой знаем и понимаем, что в нашем с тобой возрасте рядом должен быть один человек которому будешь доверять во всем и он будет рядом с тобой по жизни, в радости и горе, вот что важно, хочу еще понять и почувствовать насколько мы нужны и важны друг другу.

Мы с тобой взрослые и серьезные люди и поэтому хочется здоровых настояше искренних отношений.

Между нами чистые настоящие чувства...очень красивые и нежные...нам приятно это чувствовать когда мы вместе и рядом, ты стала частью меня сейчас, мечтаем уже о скорой нашей встрече, на скрытых в глубине интимных такие моменты возбуждают тебя и меня.

La compréhension mutuelle.

La compréhension mutuelle, est une volonté de s'entendre et de se comprendre. La base de la compréhension mutuelle est la similitude, la communication et la chaleur de l'âme.

La compréhension mutuelle entre les personnes est l'élément le plus important de la communication.

Quand les âmes sœurs sont éloignées, la distance perd son importance, car seules deux âmes sœurs peuvent être l'âme dans l'autre âme.

En fait, elles se comprennent l'une l'autre.

Nous savons et comprenons avec toi qu'à notre âge, doit être à tes côtés, une personne en qui tu feras confiance, et elle sera avec toi pour la vie, dans la joie et le chagrin, voilà ce qui est important, je veux comprendre et ressentir combien nous sommes nécessaires et importants l'un pour l'autre.

Nous sommes des adultes et des gens sérieux et nous voulons donc des relations saines et sincères.

Entre nous de vrais sentiments purs, très beaux et doux, nous sommes heureux de le sentir quand nous sommes ensemble et côte à côte tu es devenue une partie de moi désormais, nous rêvons déjà de notre prochaine rencontre, dans les profondeurs de l'intimité de tels moments nous excitent toi et moi.

Ты знала правду обо мне.

Жизнь имеет в точности ту ценность, которой мы хотим ее наделить, моя жизнь имеет смысл в том, чтобы поделиться той Любовью, которая есть у меня в душе, меня приятно чувствовать близость твоей души, обнимаю твоей души.

Мы с тобой оба понимаем знаем и чувствуем, что наша с тобой поздняя любовь такая редкая и с другими так не будет, поэтому я хочу чтобы мы очень бережно относились друг к другу, мы так много лет шли с тобой к этому.

Для меня счастье – душевный покой и равновесие внутреннего мира у нас вдвоем это получается, я постоянно влюбляюсь в тебя все больше и больше, ты делаешь меня счастлив и ты это чувствуешь, понимаешь и скоро увидишь, даже без слов, просто мы посмотрим друг другу в глаза и улыбнемся.

Я очень ценю все твои внутренние качества твоей души и твое отношение ко мне, твоя порядочность и внимание ко мне долгие годы.

Я чувствую к тебе сильное притяжение, желание тела и души к мне, чувство покоя и твоей заботы внимания.

Мы исполнили уже сотни своих желаний, в отношения на расстоянии.

Tu sais la vérité sur moi.

La vie a exactement la valeur que nous voulons donner, ma vie a du sens pour partager cet amour qu'il y a en moi dans mon âme, il m'est agréable de ressentir l'intimité de ton âme, je câline ton âme.

Toi et moi savons et pensons à nouveau, que notre amour avec toi est si rare qu'il ne sera jamais avec quelqu'un d'autre, donc je veux que nous soyons attentionnés pour nous traiter l'un l'autre, nous avons tant attendu cela avec toi pendant tant d'années.

Pour moi, le bonheur c'est la tranquillité d'esprit et l'équilibre du monde intérieur, nous deux l'obtenons, je suis en permanence de plus en plus amoureux de toi, tu me rends heureux, et tu ressens cela, tu comprends et tu verras bientôt, même sans mots, on se regarde juste dans les yeux l'un de l'autre et nous sourirons.

J'apprécie vraiment toutes les qualités intérieures de ton âme et ton attitude envers moi, ta décence et ton attention envers moi durant de longues années.

Je ressens une forte attraction pour toi, désir du corps, et de l'âme pour moi, je ressens un sentiment de sérénité par tes soins et attentions.

Nous avons accompli des centaines de nos désirs dans une relation au travers de la distance.

Нам всегда говорили, что в море так много рыбы и ее хватит на всех, мы отдаемся друг другу полностью, мы уже не одни на свете, мы будем с тобой одним сердцем и одной душой, будем очень близки правда с глубоким и искренним удовольствием, я глубоко тронут сказанными, потому что ты такая же как я.

Мы совпали так ласково нежно, красиво, наши души узнали друг мы будем с тобой одним сердцем и одной душой, мы давно с тобой вместе, Были и минуты бешеной страсти, и часы волшебной нежности, нам нужно друг другу нежность и романтику, окружит незабываемыми чувствами и эмоциями, проявит максимум заботы и душевной теплоты к тебе от меня, потому что ты умеешь радовать разным мелочам или подаркам для души.

Сейчас намного больше настойчивости и уверенности между нами, ты даришь мне много нежности, иногда я думаю откуда в тебе столько нежности и душевности, редко бывают такие чувственные, я хочу узнать что-нибудь важное посредством тебя, редко бывают такие чувственные нежности, между нами намного больше, чем вульгарные оттенки как ы многих людей, ты и я похижи мы пара.

Наша с тобой поздняя любовь очень красивая нежная и душевная, мы с тобой исполнили много желаний и они у нас еще есть. Я хочу быть с тобой рядом дарить покой твоей душе. здоровье и счастье, видеть твою улыбку и счастливые глаза.

Я думаю рядом со мной у тебя был бы счастливый период твоей жизни.

On nous a toujours dit qu'il y a tellement de poissons dans la mer et qu'elle en a suffisamment pour tout le monde, nous nous donnons à l'autre complètement, nous ne sommes déjà plus seuls au monde, nous serons avec toi un seul cœur et une âme, nous serons réellement très proches, avec un plaisir profond et sincère, profondément ému, par ce que tu es comme moi.

Nous avons coïncidé tellement affectueusement, doucement, avec beauté, nos âmes ont appris que nous serons avec toi avec un seul cœur et une seule âme, nous avons été ensemble avec toi pendant longtemps, il y eut des moments de passion frénétique, et des heures de tendresse romantique, nous avons besoin l'un de l'autre de tendresse et de romantisme, entourés de sentiments et d'émotions inoubliables, montrant un maximum de soin et de chaleur de ma part pour toi, car tu sais comment faire plaisir avec différentes petites choses ou des cadeaux pour l'âme.

Maintenant, il y a beaucoup plus de persévérance et de confiance entre nous, tu me donnes beaucoup de tendresse, parfois je me demande comment il peut y avoir en toi tant de tendresse et de sincérité, de tels sentiments arrivent rarement, je veux apprendre quelque chose d'important à travers toi, il arrive rarement une telle tendresse sensuelle, il y a beaucoup plus entre nous, que les nuances vulgaires comme chez un grand nombre de personnes, toi et moi sommes identiques, nous sommes un couple.

Notre amour tardif avec vous est très beau doux et sincère, nous avons rempli beaucoup de désirs et nous en avons encore. Je veux être avec toi pour donner la paix à ton âme, santé et bonheur, pour voir ton sourire et tes yeux heureux.

Je pense qu'à côté de moi ce sera la période heureuse de ta vie.

Медленные, страстные поцелуи значат для наше души намного больше чем слова, взгляд мужчины может сказать намного больше, чем его слова, между нами будет уже намного ближе, нежные трепетные чувства, у тебе аромат чистоты и непреходящей нежности, ты для меня первая во всех моих таких нежных чувствах, и это для меня так в первый раз.

Счастье невозможно купить или обмануть, люди счастливы вместе, когда искренние во всем, Бог любит нас и хочет, чтобы мы были счастливы вместе, мы можем радоваться маленьким приятным мелочам жизни, маленькие радости, которые доставляют нам удовольствие и делают нас счастливыми.

Мы впервые ступили на этот путь друг на друга когда будем рядом, я буду отдаваться тебе полностью и во всем, поэтому навязанное счастье можно купить, мы с тобой редкие люди, мы можем радоваться маленьким приятным мелочам жизни, и это правда счастье найти в этом огромном мире человека так похожего на тебя во многом.

Я думаю о тебе постоянно и чувствую с тобой сильную связь и душевную и телесную, я правда много лет мечтаю быть с тобой, обожаю прогулки и чувствовать рядом ты и твоя рука, мне это нравится с тобой, нежно чувствовать тебя каждую минутку.

Les baisers lents et passionnés signifient beaucoup plus pour notre âme que les mots, le regard d'un homme peut dire beaucoup plus que ses mots entre nous, ce sera beaucoup plus proche, de doux sentiments tremblants, tu as un parfum de pureté et de tendresse intemporelle, tu es pour moi la première dans tous mes sentiments si tendres, et c'est pour moi ainsi pour la première fois.

Le bonheur ne peut pas être acheté ou trompé, les gens sont heureux ensemble, quand cela est sincère en tout, Dieu nous aime et veut que nous soyons heureux ensemble, nous pouvons nous réjouir des petites choses agréables de la vie, petites joies qui nous font plaisir et nous rendent heureux.

Nous allons d'abord marcher sur ce chemin l'un pour l'autre quand nous serons côte à côte, je vais te donner la plénitude en tout, parce que le bonheur personnel ne peut être acheté, nous sommes avec toi, des personnes rares, nous pouvons être contents des petites choses agréables dans la vie, et c'est réellement le bonheur, de trouver dans ce vaste monde une personne qui te ressemble beaucoup à bien des égards.

Je pense constamment à toi et ressens avec toi un lien et mental et physique fort, je rêve réellement d'être avec toi depuis de nombreuses années, j'adore les promenades et te sentir à côté et ta main, j'aime avec toi tout doucement te sentir chaque minute.

Эта встреча была неожиданной и мы не знали как все будет, все происходило долгие годы, медленно и осторожно и вот все случилось, как и должно быть, все случилось, как и должно быт, мы долгие годы были так несчастливы в жизни, что Бог и правда любит нас и хочет счастья для нас с тобой.

Так нежно любить тебя, это правда счастье, так много приятных чувств испытать с тобой, ты на основе любви и во имя любви к тому человеку, с которым ты соединяешься, именно с этим человеком предстоит создать счастливую семейную жизнь, ты такая, это правда счастье найти в этом огромном мире человека так похожего на тебя во многом.

Я все люблю в тебе.

Это ты моя точная копия, я сразу это почувствовал.

Ты мне очень желанная и очень нужен в жизни и я буду с тобой все то делать, что нам будет приятно взаимно, ты стала смыслом каждого моего вздоха, каждой секунды моей жизни.

Я подарю тебе незабываемые минуты удовольствия и душевного общения, у меня много нежности с пользой для души и тела, хочется возвращаться снова и снова к тебе и во тебе, можно жить друг для друга это счастье, когда вдвоем и жить так как хочется, я хочу каждый день чувствовать твои нежные обжигающие прикосновения.

Cette rencontre était inattendue et nous ne savions pas comment tout allait se passer, tout est arrivé durant de nombreuses années, lentement et prudemment et voilà, tout s'est passé comme il se doit, nous avons été si malheureux dans la vie pendant de nombreuses années, aussi, Dieu nous aime vraiment et veut du bonheur pour nous avec toi.

T'aimer si tendrement, c'est un véritable bonheur et tant de sentiments agréables expérimentés avec toi, tu es basée l'amour et au nom de l'amour pour la personne avec laquelle tu es connectée, tu peux vivre avec cette personne et créer une vie de famille heureuse, tu es celle-ci, c'est un vrai bonheur de trouver dans ce vaste monde une personne si semblable à toi à bien des égards.

J'aime tout en toi.

Tu es ma copie exacte, je l'ai immédiatement ressenti.

Tu m'es très désirable et très nécessaire pour moi dans la vie et je ferai tout avec toi qui nous sera agréable mutuellement, tu es devenue le sens de chacune de mes respirations, chaque seconde de ma vie.

Je te donne un moment inoubliable de plaisir et un dialogue sincère, j'ai beaucoup d'affection au profit du corps et de l'âme, je veux revenir encore et encore vers toi et en toi, vivre l'un pour l'autre, c'est le bonheur, quand ensemble nous vivons comme nous le voulons, je veux sentir tes tendres et brûlants contacts tous les jours.

Что мешает мужчине выражать чувства и радовать свое сердце ?

Наверное, каждый из нас знает, что именно самое внутреннее богатство, отличительные признаки человека с богатым внутренним духовным миром. Внутренний мир может быть богатым, глубоким, гармоничным, сложным или простым, Богатство эмоциональной жизни далеко не всегда находится в прямой, свой личный духовный мир строит каждый человек внутри себя сам.

Свойвнутренний духовный мир более богатым и совершенным, больше, чем ты думаешь.

Отношения необходимо подпитывать положительными эмоциями, стать богаче духовно, возьми меня за руку, я пробую с тобой все первый раз, как подсказывает и чувствует моя душа, я хочу чтобы эти дни были незабываемы для тебя и меня.

Я знаю лучшие и приятные моменты со мной ты хочешь оставить в своей памяти, потому что ты уже знаешь что с другой все это не повториться, лучшие моменты в нашей жизни мы помним очень долго, все дело в борьбе за высшие ценности, происходящей в душе человека, для женщин эти мелочи имеют огромное значение.

С тобой рядом невероятный покой в душе, я вспоминаю о том, что счастье есть!

Оно здесь во мне с тобой.

Есть тонкие движения души которые, мы не замечаем, мужчина становится счастливым благодаря женщине, лишь благодаря женщине и любви к ней, мужчина может стать счастливым человеком, мужчина создан, чтобы быть с женщиной, так же как женщина создана, чтобы быть с мужчиной. Мы с тобой созданы друг для друга, чтобы быть вместе. и наслаждаться твоим присутствием, это потрясающе, я более глубоко в чувствах нежности и душевности чем думают обо мне, я очень глубокий человек в чувствах.

Qu'est ce qui empêche un homme d'exprimer des sentiments, et réjouir son cœur ?

Probablement, chacun de nous sait que la plus grande richesse intérieure, est la caractéristique distinctive d'une personne avec une âme riche, avec un riche monde spirituel intérieur. Le monde intérieur peut être riche, profond, harmonieux, complexe ou simple, la richesse de la vie émotionnelle n'est pas toujours en ligne droite, chacun construit son monde spirituel personnel en lui-même.

Ton monde spirituel intérieur est plus riche et plus parfait, plus que tu ne le penses.

Les relations doivent être nourries avec des énergies positives, devenir plus riches spirituellement, prends-moi par la main, j'essaye tout pour la première fois avec toi comme mon âme le dit et le sent, je veux que ces jours soient inoubliables pour toi et pour moi.

Je sais que les meilleurs et plus agréables moments avec moi, tu veux les garder en souvenir dans ta mémoire, parce que tu sais déjà que cela ne se reproduira pas une seconde fois, nous nous souvenons très longtemps des meilleurs moments de notre vie, il s'agit de la lutte pour des valeurs plus élevées qui ont lieu dans l'âme humaine, pour les femmes, ces petites choses sont d'une grande importance.

Avec toi, il y a une incroyable tranquillité de l'âme, je comprends que le bonheur est là !

C'est ici en moi avec toi.

Il y a des mouvements subtils de l'âme, nous ne le remarquons pas, un homme devient heureux grâce à une femme, c'est seulement grâce à une femme et à son amour qu'un homme peut devenir une personne heureuse, un homme est créé pour être avec une femme, tout comme une femme est créée pour être avec un homme. Nous sommes créés l'un pour l'autre pour être ensemble, et profiter de notre présence, c'est incroyablement génial, je suis plus profond dans les sentiments de tendresse et de sincérité que ce que l'on pense de moi, je suis une personne très profonde dans les sentiments.

Как приятно порой вспомнить и заново пережить самые чудесные моменты жизни, а затем с радостной улыбкой посмотреть в будущее. Вспомнил наше с тобой знакомство, мы знаем, при каких обстоятельствах состоялось наше с тобой знакомство, ты мне с самого первого взгляда очень и очень понравилась, как-то странно, но я сразу же почувствовал к тебе сильное влечение и привязанность, встреча с родственной душой, это всегда для чего-то большего. Это история моей любви до нашего с тобой знакомства, с нашей первой встречи, то, что я увидел, тронуло меня до глубины души.

Чувствительное сердце есть такое благо, которое дорого стоит тем, кои его имеют, но кои не захотели бы они променять ни на какое другое благо, мы будем самые нежные когда будем вместе, мы будем делать все так чтобы порадовать друг друга, хочу тебе много всего приятного незабываемого нежного и душевного со мной, касания души и тела.

Такой нежностью у меня никогда не было ранее.

Я думаю, ты нуждаешься любви и внимании. Нежность – сила женщины, лишь каким бы ты не был сильным, чья-то нежность всегда сильнее.

То что между нами есть любовь, плетёный из чудесных нитей, наш мир - один большой ковёр, а нити - это наши души, влияющие на узор, будем же благодарны тем, кто делает нас счастливыми, они подобны прекрасным садовникам, которые заставляют наши души цвести.

Я тебя благодарю.

Qu'il est parfois agréable de se souvenir et de revivre les moments les plus merveilleux de la vie, puis avec un sourire joyeux se tourner vers l'avenir. Je me suis souvenu de notre rencontre avec toi, nous savons dans quelles circonstances notre rencontre a eu lieu, tu m'as vraiment beaucoup plu dès le premier regard, curieusement, j'ai immédiatement ressenti une forte attraction et de l'affection pour toi, rencontrer une âme sœur est toujours pour quelque chose de plus. C'est l'histoire de mon amour jusqu'à notre rencontre avec toi, de notre première réunion, ce que j'ai vu m'a touché au plus profond de mon âme.

Un cœur sensible est une bénédiction qui est chère à ceux qui l'ont, mais qu'ils ne voudraient pas échanger pour un autre bien, nous serons les plus tendres quand nous serons ensemble, nous ferons tout pour nous faire plaisir, Je veux te donner beaucoup de plaisir inoubliable doux et émotif avec moi, touchant l'âme et le corps.

Je n'ai jamais eu une telle tendresse auparavant.

Je pense que tu as besoin d'amour et d'attention. La tendresse est la force d'une femme, quelle que soit votre force, la tendresse de quelqu'un est toujours plus forte.

Ce qu'il y a entre nous est de l'amour, tissé à partir de fils miraculeux, notre monde est un grand tapis, et les fils sont nos âmes qui suivent le modèle, nous serons reconnaissants envers ceux qui nous rendent heureux, Ils sont comme de beaux jardiniers qui font fleurir nos âmes.

Je t'en suis reconnaissant.

А что такое женская красота?

Женская   красота? душевной чистоты,   чистота сознания,   свет   изнутри, свою чистоту в мыслях, словах и действиях, голос женской души, как инструмент привлечения мужчин, имеет огромное значение.

Преданная чистота души женщины для одного мужчины, это очень дорогой и редкий подарок, чистота побуждений — вот единственное мерило, подлинное выражение души, чистоте, не только чистоту тела, но и чистоту души, мыслей и поступков.

Не нужно пытаться узнать, что хочет женщина. Этого вы никогда не узнаете. Нужно создавать условия, при которых женщина захочет только вас, когда ты дорог человеку, он обязательно ответит даже на то сообщение, на которое по сути нечего сказать, чтобы быть счастливым самому, нужно уметь делать счастливыми других.

Любовь на всю жизнь, чистота помыслов и чистота души, я хочу все, это очень дорогой и редкий подарок, это тайна души, непорочной по-детски и чисто, верная, преданная, самоотверженная, жертвенная, сохранение чистоты – это добродетель, ты мое начало, моя жизнь, моя бесконечность.

Душа женщины есть источник, живоносный источник, воля и разум Творца.

Бога создание, Бога дыхание.

Воля и разум Творца.

Спаси Господи за все!

Et qu'est-ce que la beauté des femmes ?

La beauté des femmes est pureté spirituelle, pureté de la conscience, lumière intérieure, la pureté dans les pensées, les mots et les actions, la voix de l'âme féminine en tant qu'instrument pour attirer les hommes, est d'une grande importance.

Une pureté dévouée de l'âme d'une femme pour un homme, est un cadeau très cher et rare, la pureté des intentions est le seul critère, la véritable expression de l'âme, pureté, non seulement pureté du corps, mais aussi la pureté de l'âme, des pensées et des actions.

N'essayez pas de savoir ce que la femme veut. Cela, vous ne le saurez jamais. Il est nécessaire de créer des conditions dans lesquelles une femme ne veut que vous, lorsque vous êtes cher à une personne, il répondra nécessairement même ce message, même s'il n'a rien à dire, pour être heureux vous-même, vous devez être capable de rendre les autres heureux.

Amour pour toute la vie, la pureté des pensées et pureté de l'âme, je veux tout, c'est un cadeau très cher et très rare, c'est le secret de l'âme, sans cruauté depuis l'enfance et pure, fidèle, altruiste, sacrificielle, préserver la pureté est une vertu, tu es mon commencement, ma vie, mon infinité.

L'âme de la femme est la source, source de la vie, volonté de l'esprit créateur.

Création de Dieu respiration de Dieu.

Volonté de l'esprit créateur.

Merci mon Dieu pour tout !

Как услышать голос души?

Твоя душа знает всегда то, чем она хочет быть, звук души, голос своего сердца.

Богатсво души человека.

Это значит такие качества, которые присущи внутреннему миру человека, которые отражают его личность во внешних, как оно выглядит, несмотря ни на какие жизненные трудности.

Для человека семья имеет огромное значение. Только в семье человек растёт, развивается морально и духовно, это Божье благословение, потому что самое сильное и эффективное благословение – Божие благословение.

Брак – это Божье благословение, брак — это не только наслаждения физические, Брак – это первое благословение, которое дал Господь человеку и канал, по которому Божья благодать распространяется в наших душах.

Приятно же смотреть на женщину, как она расцветает, когда слышит в свой адрес комплимент, женщина имеет огромное значение в жизни мужчины, ты такая единственная женщина для меня, ты изменила мою жизнь, мне нужно чувствовать тебе даже на расстоянии, я прижму тебя нежно к себе и буду нежно касаться поцелуями твоих губ и твоего лица и своими губами осушу твои слезы и буду нежно гладить тебя по волосам.

Наши с тобой совпадения и встреча не случайны, истинные чувства приносят истинную радость, недосказанных слов вдохновения душа.

Comment entendre la voix de l'âme ?

Ton âme sait toujours ce qu'elle veut être, le son de l'âme, est la voix de son cœur.

L'âme de la personne est riche.

Cela signifie les qualités qui sont inhérentes au monde intérieur d'une personne, reflètent sa personnalité vers l'extérieur, à quoi il ressemble, malgré toutes les difficultés de la vie.

Pour une personne, la famille est d'une grande importance. Seulement dans la famille, une personne grandit, se développe moralement et spirituellement, c'est une bénédiction de Dieu, parce que la bénédiction la plus puissante et la plus efficace est la bénédiction de Dieu.

Le mariage est la bénédiction de Dieu, le mariage n'est pas seulement le plaisir physique, le mariage est la première bénédiction que le Seigneur a donnée à l'homme et le canal par lequel la grâce de Dieu se répand dans nos âmes.

Comme il est agréable de regarder une femme, comment elle s'épanouit, quand elle entend un compliment dans son encontre, tu es cette femme unique pour moi, tu as changé ma vie, j'ai besoin de te sentir malgré la distance, et je vais te serrer tendrement à moi et vais toucher doucement les baisers de tes lèvres et ton visage, et je vais drainer tes larmes avec mes lèvres et caresser doucement tes cheveux.

Notre rencontre avec toi n'est pas accidentelle, les véritables sentiments apportent une joie véritable, l'inspiration des mots dans la respiration.

Родственные души :

В каждом из нас есть то, чего нет в других, вы можете делать то, что не может другой, родной человек - тот, с кем ты можешь говорить часами, даже когда говорить то и не о чем, родной - тот, с кем приятно даже просто помолчать, души вечная субстанция, даже в тишине.

Ты не похожа на обычных женщин, ты не похожа на других, люди, которые не похожи на других, открывают новые горизонты и ломают стереотипы, я лишь влюбленный человек, ты - самый дорогой человек в моей жизни и я тебя люблю больше всех на свете.

Идеальных отношений нет, есть женская мудрость не замечать мужские глупости, родная душа — это тот, кто разделяет наши глубочайшие устремления, человек, в котором мы нуждаемся больше всего на свете, каким-то образом.

Огромное спасибо за гармонию души и тела, очень все было просто замечательно.

Âmes apparentées :

En chacun de nous, il y a quelque chose qui n'est pas chez les autres, vous pouvez faire ce qu'un autre ne peut pas, proche est celui avec qui tu peux parler pendant des heures, même quand tu n'as rien à dire, proche, celui avec qui il est agréable même de se taire, l'âme est l'essence éternelle, même dans le silence.

Tu n'es pas similaire aux femmes ordinaires, tu n'es pas identique aux autres, les personnes qui ne sont pas comme les autres ouvrent de nouveaux horizons et brisent les stéréotypes, je suis juste un homme amoureux tu es la personne la plus précieuse dans ma vie et je t'aime plus que n'importe qui d'autre dans le monde.

Il n'y a pas de relations idéales, il y a la sagesse d'une femme de ne pas remarquer la bêtise masculine, une âme sœur est celle qui partage nos aspirations les plus profondes, la personne dont nous avons le plus besoin dans le monde, d'une manière ou d'une autre.

Merci beaucoup pour l'harmonie du corps et de l'âme, tout était justement très merveilleux

Мы все интуитивно понимаем, какой должна быть родственная душа, но однако найти такого человека очень трудно. Бог создает души парами, создавая мужское начало, он одновременно дает ему женского партнера.

Желание насладиться чем-либо и есть желание любви, истина заключается в том, что мы любим только то, что дает нам наслаждение, и партнера мы выбираем исходя из того, насколько он может наполнить нас своей любовью, насколько мы можем получить от него удовольствие.

Встреча с родственной душой – это всегда для чего-то большего, она не происходит просто ради романтических отношений. Она дается как истинная, настоящая и безусловная любовь. Но для того, чтобы почувствовать это и прийти к ее высшему проявлению, нужно пройти долгий, порой мучительный путь и только встретив такого человека родного мы начинаем жить настоящей подлинной счастливой жизнью.

Жизнь со всеми её нюансами, так коротка, люблю каждую твою клеточку, каждый сантиметр твоего тела, каждую твою улыбку, прикосновение, каждую взгляд, я много раз думал, как мы могли бы жить с тобой вместе, настоящие искренние эмоции, они каждый раз новые с тобой, так как с тобой уже невозможно с другим человеком, у нас особенные редкие чувства, которые невозможно повторить с другими, мы созданы друг для друга.

Nous comprenons tous intuitivement quelle devrait être l'âme sœur, cependant, il est très difficile de trouver une telle personne. Dieu crée des âmes par paires, créant le début d'un homme, il lui donne simultanément un partenaire féminin.

Le désir de jouir de quelque chose, et il y a un désir d'amour, la vérité est que nous n'aimons que ce qui nous procure du plaisir, et nous choisissons un partenaire en fonction de combien il peut nous remplir de son amour, combien nous pouvons en obtenir du plaisir.

Rencontrer une âme sœur est toujours pour quelque chose de plus, cela n'arrive pas simplement à cause de relations romantiques. Cela est donné comme un véritable amour, réel et inconditionnel. Mais pour ressentir cela et arriver à sa manifestation la plus élevée, vous devez traverser un long voyage, parfois douloureux, et seulement après avoir rencontré une telle personne proche, nous commençons à vivre une véritable vie heureuse.

La vie, avec toutes ses nuances, est si courte, j'aime chaque cellule, chaque centimètre de ton corps, chaque sourire, chaque contact, chaque regard, j'ai pensé à plusieurs reprises comment nous pouvons vivre avec toi ensemble, des véritables émotions sincères, qui sont à chaque fois nouvelles avec toi, parce que comme cela est avec toi n'est déjà plus possible avec une autre personne, nous avons des sentiments spéciaux rares qui ne peuvent pas être répétés avec les autres, nous sommes faits l'un pour l'autre.

Твой человек - не только родственная душа, ты не выбираешь его, он приходит в твою жизнь, занимает своё место в твоем сердце так, что ты больше не можешь обойтись без него, он приносит с собой любовь, которая растёт. Твой человек не просто рядом - он живёт в тебе а ты живешь в нём, душа должна души коснуться.

Дар небес - человек, который слышит твою душу обнимаю искренне, обнимаю своей душой, я люблю всеми силами души пламенной и чистой.

Любовь - это пройти вместе через всё любить - это видеть душу другого, это растворить себя в чувстве, рука об руку надо, чудеса всегда случаются вопреки всему рук в руки.

Мы настолько чувствовали друг друга, что нам были не нужны слова лишние, подолгу просто молчали и смотрели в глаза друг другу.

Любовь не нуждается в словах, нуждается в особой заботе.

Особая забота о тех, кто нуждается в ней больше всего.

Ta personne n'est pas seulement une âme sœur, tu ne le choisis pas, elle vient dans ta vie, prend sa place dans ton cœur pour que tu ne puisses plus t'en passer, elle apporte avec elle un amour qui grandit. Ta personne n'est pas seulement là, elle vit en toi, et tu vis en elle, l'âme doit toucher l'âme.

Le don du ciel, est la personne qui entend ton âme, je t'étreins avec sincérité, je t'étreins avec mon âme, j'aime de toute la force de mon âme, ardente et pure.

L'amour est de tout traverser ensemble, aimer, c'est voir l'âme d'un autre, se dissoudre dans le sentiment, besoin d'une main dans une autre, les miracles arrivent toujours malgré tout, la main dans la main.

Nous nous ressentions tellement l'un l'autre, que nous n'avions pas besoin de mots superflus, nous nous sommes tus pendant longtemps, et nous sommes regardés dans les yeux.

L'amour n'a pas besoin de mots, il a besoin d'un soin spécial.

Un soin particulier pour ceux qui en ont le plus besoin.

С безграничною лаской касаются губы, я обожаю твою красоту, не стоит переживать о годах и уходящем времени, ведь в душе ты по-прежнему красивая, молодая и уверенная в себе женщина.

Я знаю - это соединяются наши души, через мысли, через дыхание, через сверхъестественное осязание, и теперь уже неважно, есть ли между нами расстояние, существует ли время - мы уже встретились, Бог подарил нас друг другу, мы пустили друг в друга корни и теперь мы -Единым стали.

Я целую твоя душа в этом больше всего чувствуется твоя душа, с теплом души и сердца, ты моя жизнь, я теперь знаю какой богатый у тебя внутренний мир, как ты можешь все глубоко и тонко чувствовать не касаясь и еще сильнее когда касаешься меня мыслями чувствами телом и душой, с тобой правда такое счастье, ты - вся моя жизнь.

Мы живём не годами, не состояниями и даже не ощущениями, мы живём мгновениями очень короткими, но бесконечно важными, они, как капли небесного дождя в сухой пустыне, в них и есть жизнь, я часто думаю, что после тебя уже не с кем так невозможно в жизни это необъяснимое состояние души.

Avec des caresses sans limites toucher tes lèvres, j'adore ta beauté, ne t'inquiètes pas des années et du temps qui passe, car dans l'âme tu es toujours une femme belle, jeune et confiante.

Je sais que nos âmes sont connectées, par la pensée, par la respiration, par un contact surnaturel, et désormais, peu importe s'il y a une distance entre nous, il existe un temps où nous nous sommes déjà rencontrés, Dieu nous a donnés l'un à l'autre, nous nous sommes enracinés l'un dans l'autre, et maintenant nous sommes devenus un.

J'embrasse ton âme, c'est ce que ton âme ressent le plus, avec la chaleur du cœur et de l'âme, tu es ma vie, je sais maintenant à quel point ton monde intérieur est riche, comment tu peux tout ressentir profondément et subtilement sans toucher et encore plus quand tu touches mes pensées avec des sentiments corps et âme, avec toi, j'ai réellement ce bonheur, tu es toute ma vie.

Nous ne vivons pas pour des années, pas pour des conditions et même pas pour des sensations, nous vivons des moments très courts, mais infiniment importants, ils sont comme des gouttes de pluie céleste dans un désert sec, en eux il y a la vie, je pense souvent qu'après toi, ce sera impossible avec quelqu'un d'autre dans la vie, cet état de l'âme est inexplicable.

Единственный способ принять настоящую любовь — это полностью открыть свое сердце. Лучшие пары показывают друг другу то, что не видит остальной мир то, что делает вас такими, какие вы есть.

Человек - это живая душа, несущая все возможности вечной, бессмертной жизни внутри себя, душа обладает всеми способностяти, душа есть сущность живая, живая   душа –   чувствующая,   чистая   душа,   без   сомнения, человеческая душа бессмертна, душа есть сущность живая.

Ты умеешь утешить, когда мне грустно с покой в душе, вот поэтому хочется дарить тебе все то, что есть во мне лучшее, ты всегда знаешь, чем порадовать меня, и я умею порадовать тебя разным приятным мелочам, все это от души и ты так любишь это, как и я.

Ты слышишь как сбилось мое дыхание, жадно пить твою любовь, с тобою каждый миг волшебный и чудесный, ты просто королевский подарок судьбы для меня, с тобой жизнь прекрасна, ты раскрываешь душу нам, ты будоражишь мою душу и тебе дарю свое я сердце, Любовь мою, спасибо, что ты есть в моей судьбе, я за тебя свой каждый день благодарю.

La seule façon d'accepter le véritable amour est d'ouvrir complètement votre cœur, les meilleurs couples se montrent ce que ne voit pas le reste du monde, ce qui fait de vous ce que vous êtes.

Un homme est une âme vivante, porteur de toutes les possibilités d'une vie éternelle et immortelle à l'intérieur de soi, l'âme a toutes les facultés, l'âme est l'essence de la vie, une âme vivante est une âme sensible, âme pure, sans aucun doute, l'âme humaine est immortelle, l'âme est l'essence de la vie.

Tu sais me consoler quand je me sens triste avec la paix dans l'âme, voilà pourquoi je veux te donner tout ce qui est en moi de meilleur, tu sais toujours comment me faire plaisir, et je sais comment te plaire avec des petites choses agréables, tout cela vient du cœur et tu l'aimes tellement, tout comme moi.

Tu entends comment mon souffle s'est perdu, désireux de boire ton amour, avec toi chaque moment est magique et merveilleux, tu es simplement un cadeau royal du destin pour moi, avec toi la vie est belle, tu nous ouvres nos âmes, tu émeus mon âme, et je te donne mon cœur, mon Amour, merci car tu es dans mon destin, je t'en suis reconnaissant chaque jour.

Идеальная любовь нет, но ты заслуживаешь максимально приближенное к этому чувство, тебе нужен тот, кто постоянно будет напоминать тебе, как он благодарен судьбе, что ты есть в его жизни, и кто постоянно будет заставлять тебя чувствовать себя счастлива с нежности, человек не может жить без объятий, любви и нежности, в этом есть потребность всегда, была и будет.

Есть вещи, которые мы видим и слышим, а есть то, что мы чувствуем, любое проявление нежности и ласки считалось слабостью, недостойной мужчин, это мужчин ошибка. Мужчины думают, что они умнее, но это ошибка. Мужчина и женщина — это две половинки, самую большую ошибку, которую совершают мужчины по отношению к женщинам — это когда они перестают дарить ласку, нежность и внимание в словах и действиях, и эта ошибка ведёт к краху в отношениях.

Это так романтично редко, красивая искренняя любовь уважение и много нежности, о таких красивых чувствах хочется чтобы знали только двое, а потом оставлять воспоминания для потомков в книгах.

Наверное мы еще не успеем расстаться, как я снова захочу быть вместе с тобой, не хочется расставаться даже на минутку, хочется с тобой быть всегда.

Мы проделали очень долгий путь в наших с тобой отношениях, то что серьезно всегда не просто, зато честно и надежно.

Я хочу сказать тебе честно, сейчас все что лучшее есть в моей жизни это ты. Это светлые чистые чувства это нежность и приятная близость, это такие приятные и красивые планы у нас с тобой и я реально мечтаю быть и жить с тобой.

Хочу нежным ветерком касаться тебя, твоих губ, волос, твоего лица и тебя полная, ты разбирается с мелочами и я плакал сегодня утро из за так много любовь с тобой, переизбытка чувств, это происходит из-за переизбытка удовольствия и положительных эмоций, шепот твоей любви.

В счастье свои рубцы — может, поэтому мы поняли друг друга и друг другу.

Я очень боюсь в жизни потерять тебя честно, я боюсь этого так, что кажется моя жизнь просто закончится без тебя, понимаешь?

L'amour parfait ne l'est pas, mais tu mérites le sentiment le plus proche possible, tu as besoin de quelqu'un qui te rappellera toujours combien il est reconnaissant envers le destin que tu sois dans sa vie et qui te rendra constamment heureuse avec tendresse, une personne ne peut pas vivre sans étreinte, amour et tendresse, en cela il y a toujours un besoin, a été et sera.

Il y a des choses que nous voyons et entendons, et il y a ce que nous ressentons, toute manifestation de tendresse et d'affection est considérée comme une faiblesse, indigne des hommes, c'est l'erreur des hommes. Les hommes pensent qu'ils sont plus intelligents, mais c'est une erreur. Un homme et une femme sont deux moitiés, la plus grande erreur commise par les hommes envers les femmes est quand ils cessent de donner caresses, tendresse et attention, dans les mots et les actions, et cette erreur conduit à un effondrement de la relation.

C'est si romantique et rare, un bel amour respectueux et sincère et beaucoup de tendresse, à propos de si beaux sentiments je ne veux qu'ils ne soient connus seulement de nous deux, et ensuite laisser des souvenirs pour les descendants dans les livres.

Nous ne pourrons probablement pas encore nous séparer, combien je veux à nouveau être avec toi, je ne désire pas te quitter même une minute, je souhaite être avec toi pour toujours.

Nous avons parcouru un très long chemin dans notre relation avec toi, quelque chose qui est sérieux n'est pas toujours facile, mais honnête et fiable.

Je veux te dire honnêtement, maintenant tout ce qu'il y a de meilleur dans ma vie, c'est toi. Ces sentiments purs et lumineux, sont la tendresse et l'affinité agréable, sont des plans si agréables et beaux que nous avons avec toi et je rêve réellement d'être et de vivre avec toi.

Je veux te toucher comme une douce brise, tes lèvres, tes cheveux, ton visage et toi toute entière, tu comprends les petites choses et j'ai pleuré ce matin à cause de tant d'amour avec toi, une surabondance de sentiments, ceci est dû à une surabondance de plaisir et des émotions positives, le murmure de ton amour.

Le bonheur a ses cicatrices, c'est peut-être parce que nous nous comprenons l'un l'autre.

Honnêtement, j'ai très peur de te perdre dans la vie, j'ai si peur qu'il me semble que simplement, que ma vie se terminera, comprends-tu ?

Не ищите идеальных людей... Находите родные души.

Для того, чтобы узнать истину надо просто закрыть глаза и прислушаться к тому, о чем хочет поведать твоя душа, есть моменты, которые хочется растянуть на всю жизнь, в жизни всегда есть люди, через которых Бог любит тебя, есть люди, которые всегда будут любить тебя, страх это не отвержение.

От переизбытка чувств наша любовьмягко осела в сердце. все в первый раз, вечная любовь - это та любовь, которая выдержит длительную разлуку и длительное постоянство, истинная любовь, выдерживает все, разлуку, боль, болезни, все переживания, но только не ложь и предательство, ложь Это – яд.

Я тебя обожаю, я хочу слышать твои крики, я хочу чувствовать пульсацию твоего тела, я хочу, чтобы ты горела в моих объятиях, что при мысли о моих губах, целующих твоё тело, ты будешь сходить с ума, точно так же, как и я.

Я открываю для тебя свою душу, и ты меня немного впускаешь в свою душу и я так люблю там в тебе растворяться и получать наслаждение тобой и еще много всего приятного, может быть так немногие могут чувствовать, но я чувствую это очень приятно.

Мы можем подарить так много всего когда вместе, то о чем мы мечтали всегда, но не было в наших жизнях этого, потому что жили не с теми людьми. У каждого должен быть свой очень близкий и родной человек, чувствовать его любить и дарить счастье в жизни как ты и я.

Ne cherchez pas des personnes idéales, trouvez des âmes sœurs.

Pour savoir la vérité il est besoin de simplement fermer les yeux et d'écouter ce que ton âme veut te dire, dans la vie, il y a des moments que tu souhaites étirer pour la vie, il y a toujours des personnes à travers lesquelles Dieu t'aime, il y a des personnes qui t'aimeront toujours, la peur n'est pas le rejet.

D'une surabondance de sentiments, notre amour s'est doucement installé dans le cœur, tout est pour la première fois, l'amour éternel est l'amour qui supportera une longue séparation et une permanence à long terme, le véritable amour résiste à tout, la séparation, la douleur, la maladie, toutes les expériences, mais seulement pas un mensonge et une trahison, le mensonge est un poison.

Je t'adore, je veux entendre tes cris, je veux sentir l'ondulation de ton corps, je veux que tu brûles dans mes étreintes, qu'à la pensée de mes lèvres embrassant ton corps, que tu deviennes folle, tout comme moi.

Je t'ouvre mon âme, et tu me laisses un peu entrer dans ton âme et j'aime tellement me dissoudre en toi et obtenir du plaisir avec toi et beaucoup d'autres choses agréables, peut-être que si peu peuvent le ressentir, mais je le ressens, cela est très agréable.

Nous pouvons nous donner tant de choses quand nous sommes ensemble, ce dont nous avons toujours rêvé, mais qu'il n'y avait pas dans nos vies, parce que nous ne vivions pas avec de telles personnes. Tout le monde devrait avoir une personne très proche et chère, sentir son amour et donner du bonheur dans la vie comme toi et moi.

Желание с тобой бережно относиться друг к другу, у нас с тобой очень ранимые души, я думаю мы с тобой сильные люди, но ранимые, знаю тебя, уже знаю твой запах, уверенный аромат твоей души, сердце не выбирает кого попало, оно чувствует родное, Любовь – это отдать себя другому, чтобы он был жив тобою.

Хорошие отношения требуют времени и терпения двух людей, которые хотят быть вместе, хочу серьезное чувство, я хочу стать той дверью и войти в душу, тихо и спокойно открыть такую дверь и на цыпочках нежно войти в душу, сердце моё стучит и живет для тебя, между мною и тобой невозможности жить друг без друга, полное согласие и взаимопонимание между мужчиной и женщиной в любви.

Потому что все что мы делаем с тобой приносит столько радости счастья любви и радости в душе и в сердце. С тобой жизнь прекрасна и полна сюрпризов. Главное чудо – это жизнь с ее непредсказуемостью и душа, которая от страданий становится более сильной, от счастья – более нежной, от надежды и веры более хрупкой, а от любви становится бессмертной.

Ты и я собираемся брать тот медовый месяц, для которого мы никогда не находили время, будем беречь друг друга и будем до конца.

Le désir avec toi de nous traiter l'un l'autre avec soin, nous avons des âmes très vulnérables, je pense que nous sommes des personnes fortes, mais vulnérables, je te connais, je connais déjà ton odeur, le parfum charismatique de ton âme, le cœur ne choisit personne, il sent la proximité, l'Amour est de se donner à l'autre pour qu'il vive à côté de toi.

De bonnes relations exigent le temps et la patience de deux personnes qui veulent être ensemble, je veux un sentiment sérieux, je veux être cette porte et entrer dans l'âme, tranquillement et calmement ouvrir cette porte et sur la pointe des pieds doucement entrer dans l'âme, mon cœur ne bat et ne vit que pour toi, entre moi et toi, l'impossibilité de vivre l'un sans l'autre, consentement total et compréhension réciproque entre un homme et une femme dans l'amour.

Parce que tout ce que nous faisons avec toi nous apporte tant de joie et de bonheur, l'amour et la joie dans l'âme et le cœur. Avec toi la vie est belle et pleine de surprises. Le miracle principal de la vie est son imprévisibilité et l'âme, qui devient plus forte avec le bonheur, plus tendre d'espoir et par la foi plus fragile, et par l'amour elle devient immortelle.

Toi et moi allons prendre cette lune de miel pour laquelle nous n'avons jamais trouvé le temps, nous nous protégerons l'un l'autre et serons jusqu'à la fin.

С каждым днем я все больше и больше осознаю, что ты прочно обосновалась в моем сердце, разуме, душе, каждая клеточка моего тела заполнена тобой, и я очень счастлив потому что – у меня есть ты, в моей жизни есть мало люди, которым я каждый день мысленно говорю : Благодарю тебе, спасибо что ты есть у меня.

Ты в моих мыслях в душе возникает очень приятное чувство, которое ранее я никогда не испытывала, словно ты послан мне судьбой и Богом, потому что когда думаю о тебе в моей душе только светло и радость. Я молю Бога, чтобы мы сохранили и сберегли наши с тобой чувства и отношения, потому что так, как у нас с тобой, такое бывает раз в жизни.

Я думаю судьба будет благосклонна к нам и мы будем вместе еще долго, а может быть пока живем на этой земле радовать друг друга. Я к тебе привязываюсь с каждым днем все больше и больше. Скучаю жду и хочу тебя.

Настоящая женщина всегда хочет глубоких настоящих чувств от мужчины и если она душевная искренняя и нежная, то вдвойне подарит ему, я просто ранее не встречал ничего похожего перед тебя.

В интиме с тобой я первый раз почувствовал женщину искреннюю и очень душевную, интимную близость с тобой я чувствовал через свою душу, это очень сильно и очень редко бывает между мужчиной и женщиной, это незабываемые ощущения, и если один раз ты это почувствуешь, то не захочешь ни с кем другим, потому что так редко бывает.

Chaque jour je suis de plus en plus conscient, que tu es fermement ancrée dans mon cœur, l'esprit, l'âme, chaque cellule de mon corps est remplie de toi, et je suis très heureux car je t'ai toi, dans ma vie il n'y a que peu de personnes auxquelles je dis tous les jours dans mes pensées : je te suis reconnaissant, merci à toi pour ce que tu es pour moi.

Tu es dans mes pensées, dans l'âme il y a un sentiment très agréable que je n'ai jamais ressenti auparavant, comme si tu m'avais été envoyé par le destin et par Dieu, parce que quand je pense à toi dans mon âme, il n'y a seulement de la luminosité et de la joie. Je prie Dieu pour que nous conservions et sauvions nos sentiments et nos relations avec toi, parce que, comme nous sommes avec toi, cela n'arrive qu'une fois dans la vie.

Je pense que le destin nous soutiendra et nous serons encore longtemps ensemble, et peut-être tant que nous vivons sur cette terre, pour nous faire plaisir l'un à l'autre. Je m'attache chaque jour de plus en plus à toi. Tu me manques, je t'attends et je te veux.

Une vraie femme veut toujours de vrais sentiments profonds d'un homme et si elle est sensuelle, sincère et tendre, alors elle lui donne doublement, je n'ai tout simplement pas rencontré quelque chose comme cela avant toi.

Dans l'intimité avec toi j'ai ressenti pour la première fois, une femme sincère et très émouvante, dans la proche intimité avec toi, j'ai ressenti à travers mon âme, cela arrive très rarement entre les hommes et les femmes, c'est une expérience inoubliable, et si tu ressens cela une fois, tu ne veux pas quelqu'un d'autre, parce que cela arrive si rarement.

Любовь это очень глубокое понимание того, что кто-то завершает, которая вызовет в нем наиболее глубокие чувства.

Божество принимает этот вид, чтобы вызвать чувство благоговения, увствомвечного творческого акта.

Именно в силу того, чтолюбовь в своей основе глубоко положительное чувство, всё, что совершается в мире, говорит об оскудении любви, на самом деле трагедия коренится глубоко в человеческой душе, только глубоко заботящийся о себе человек может заботиться о других, как Божественна.

Мне с тобой во всем безумно приятно и я получаю с тобой так много разных эмоций, которых ранее у меня не было. На долю нашей с тобой судьбы и жизни выпало много испытаний и все же Бог милостлив и помог нам с тобой встретиться и почувствовать все то, что могут люди в любви и близости. Я только обо одном прошу тебя будь со мной.

Каждая встреча, из которой рождается любовь, кажется нам результатом цепочки чудесных совпадений, на самом деле мы были очень счастливы рядом и спокойны, мужчине, так и женщине с первого дня, нужно понимать потребности друг друга и стремиться их удовлетворить нам с тобой не нужны были лишние слова, не ограничивать счастье, нести радость жить и любить быть как можно ближе вместе.

Мать семейства — это женщина, которая живет честно, брак даже через 30 лет может дать трещину и сделать людьми далекими и неинтересными друг другу, когда они не находят уже ничего общего в продолжении семейной жизни.

Ссвоими необдуманными действиями разрушают основу семейных, подтачиваетосновы существования отдельных людей, семейств, с безусловная любовь мы продолжаемсопротивляться жизни.

L'amour est une compréhension très profonde de ce que quelqu'un accomplit, qui évoquera en lui les sentiments les plus profonds.

La Divinité suscité ce sentiment d'admiration, le sentiment d'un acte créateur éternel.

C'est parce que l'amour est fondamentalement un sentiment profondément positif, tout ce qui se passe dans le monde, parle de l'appauvrissement de l'amour, en fait, la tragédie est profondément enracinée dans l'âme humaine, seule une personne profondément attentionnée peut prendre soin des autres, comme divine.

Avec toi tout m'est plaisant à la folie, et j'obtiens avec toi tellement d'émotions différentes que je n'avais pas eues auparavant. Dans le partage de notre destin et de notre vie, il y a eu beaucoup d'épreuves et pourtant Dieu est miséricordieux et nous a aidés à nous rencontrer et à ressentir tout ce que les personnes peuvent dans l'amour et l'intimité. Je te demande seulement une chose, sois avec moi.

Chaque rencontre d'où vient l'amour nous semble le résultat d'une chaîne de coïncidences merveilleuses, en fait, nous étions très heureux, côte à côte et calmes, il est nécessaire dès le premier jour, pour homme comme une femme, de comprendre les besoins de chacun et tâcher de les satisfaire, nous n'avons pas besoin de mots inutiles avec toi, ne pas limiter le bonheur, porter la joie, vivre et aimer, être aussi proches que possible ensemble.

La mère de famille est une femme qui vit honnêtement, le mariage même après 30 ans peut donner une fissure et rendre les gens distants et sans intérêt l'un pour l'autre, quand ils ne trouvent rien en commun dans la continuation de la vie de famille.

Ses actions irréfléchies détruisent le fondement de la famille, sape les fondements de l'existence des individus, des familles, avec l'amour inconditionnel nous continuons à résister à la vie.

Нам нужно увидеть Бога в обыкновенной нашей жизни, душа открылась, и поток любви.

Любовь — нетолько возвышающеечувство, она часть самого Божества, когда душа поглощена действительно глубоким чувством, Любовь глубоко коренятся в человеческой природе, нам с тобой не нужны были лишние слова, наша любовь может расти, хочу к тебе, а жизнь свелась вот к этой фразе.

Мы становимся едины и видим в глазах друг друга Божественную, губами едва касаясь кожи, скользнув вдоль шеи довести до дрожи, вздохом поцелуев, вспыхнувших радостных чувств, и подняв глаза с молитвой ввысь, так и будем друг друга греть.

Я не знаю сколько суждено мне прожить в этой жизни, но если ты будешь близок со мной и предан мне, я останусь с тобой до конца.

Я ждал искреннего надежного преданного мне человека и я доверилась тебе во всем, я люблю и уважаю тебя и доверяю тебе, как близкому и очень дорогому мне человеку, которого я люблю, мы много лет чувствовали друг друга и хотели и мечтали о том, что сейчас уже есть в наших с тобой отношениях.

Человек всегда там, где его мысли, там, где его сердце.

Nous devons voir Dieu dans notre vie ordinaire, l'âme est ouverte au flux de l'amour.

L'amour n'est pas seulement un sentiment exaltant, il fait partie de la Divinité elle-même, quand l'âme est absorbée par un sentiment très profond, l'amour est profondément enraciné dans la nature humaine, nous n'avons pas besoin avec toi, de mots supplémentaires, notre amour peut grandir, Je te veux, la vie a été réduite à cette phrase.

Nous devenons un et voyons le Divin dans les yeux l'un de l'autre, lèvres qui touchent à peine la peau, glissent le long du cou, apportent un frisson un soupir de baisers, des sentiments joyeux et enflammés, puis en levant les yeux avec une prière vers le haut, nous nous réchaufferons l'un l'autre.

Je ne sais pas à quel point je suis destinée à vivre dans cette vie, mais si tu es proche de moi et dévouée à moi, je resterai avec toi jusqu'à la fin.

J'attendais une personne sincère et fiable qui me soit fidèle et je te faisais confiance en tout, je t'aime te respecte et te fais confiance, en tant que proche et très chère personne pour moi, celle que j'aime, nous nous sommes ressentis pendant de nombreuses années et nous avons voulu et rêvé de ce qui est déjà dans notre relation avec toi.

Une personne est toujours là où ses pensées sont, où son cœur est.

Порой, не замечаешь даже, как очищается душа, твоя душа знает всегда то, чем она хочет быть.

Если бы у меня была возможность сказать что-то самое важное каждому я бы сказал, посмотрите в глаза любимые, они лишь тогда счастливые, когда вы их собой наполните. Так очень редко бывает между мужчиной и женщиной, никогда не знаешь, чем закончится очередная история в твоей жизни, но пока она длится, цени каждый момент, каждую секунду, каждый миг, два человека, оказываются единством, душа душе говорит, душа с душой общается, счастье, божественный приз, то что дарует Бог нужно это сохранять и благодарить, ты мне очень нужен я буду той, которую нельзя забыть, сохрани душу мою.

А как я найду тебя, и прикасаясь дыханием ветра, родственные души разговаривают молча, твоей и моей.

Говорят, что когда между двумя людьми вспыхивают чувства, то устанавливается крепкая ментальная связь, есть в этом одно нерушимое преимущество: ты всегда точно знаешь, что чувствует тот, кто проник в твою кровь и заставил ее кипеть, ты поймешь мою глубокую, ты до самой Глубокой глубины душа моя.

Возможно только с тобой, Боже мой это такая редкость, я пытаюсь подобрать слова, и не знаю как тебе сказать, не будем терять наши чувства.

Боже мой, ты даже не понимаешь, какое удивительное счастье с тобой, я люблю тебя навсегда.

Я всегда думал и буду думать что главное в человеке это душа и конечно жевнутренний мир человека.

На мой взгляд, самое главное и важное это внутренний мир и душа человека.

Самое главное внутреннее духовное состояние, это такой уголок души, где человек находит силы.

Человеческая душа —самое великое из всех чудес на свете.

Главное обращать внимание на такие обычные мелочи, ценностью внутреннего мира человека, это невозможно просто понять логически - нужно почувствовать.

Parfois, tu ne remarques même pas comment l'âme est purifiée, ton âme sait toujours ce qu'elle veut être.

Si j'avais l'occasion de dire quelque chose d'important à chacun je dirais, regardez dans des yeux amoureux, ils sont si heureux quand vous les remplissez de vous. Cela arrive rarement entre un homme et une femme, tu ne sais jamais comment se termine la prochaine histoire de ta vie, mais pendant qu'elle dure, apprécie chaque moment, chaque seconde, chaque instant, deux personnes sont une unité, l'âme parle à l'âme, l'âme communique avec l'âme, le bonheur est un prix divin, il est nécessaire de sauver et de reconnaitre ce que Dieu donne, j'ai vraiment besoin de toi, je serai celui qu'il est impossible d'oublier, garde mon âme.

Et comment te trouver, et toucher le souffle du vent, les âmes sœurs parlent en silence, la tienne et la mienne.

Ils disent que lorsque des sentiments éclatent entre deux personnes, un lien mental fort est établi il y a un avantage indestructible : tu sais toujours exactement ce que ressent celui qui a pénétré dans ton sang et le fait bouillir, tu comprends ma profondeur, tu es dans la plus grande profondeur de mon âme.

Seulement possible avec toi, mon Dieu comme c'est une rareté, je suis en train de trouver les mots et ne sais pas quoi te dire, ne perdons pas nos sentiments.

Mon Dieu, tu ne peux même pas comprendre quel merveilleux bonheur avec toi, je t'aime pour toujours.

J'ai toujours pensé et je pense que la chose principale dans une personne est l'âme et bien sûr le monde intérieur d'une personne.

À mon avis, le principal et le plus important est le monde intérieur et l'âme d'une personne.

Le plus important est l'état spirituel intérieur, c'est un coin de l'âme où une personne trouve de la force.

L'âme humaine est le plus grand de tous les miracles dans le monde.

L'essentiel est la beauté de l'âme, la pureté et l'ouverture de ses intentions, la valeur fondamentale du monde intérieur de l'homme ne peut pas être comprise par la logique, elle doit être ressentie.

116

Ты –мое дыхание.

Я не понимаю, как смогу прожить без тебя так долго, делюсь душой с тобой.

Я люблю тебя больше, чем ты можешь себе представить, и сравнивать мне не с чем.

Я всегда любил и буду любить только тебя одна, бывает что на искру пожара любви можно отдать покой души.

Моя душа взывает к тебе все сильнее, и сильнее я люблю тебя, дорогая, ты всегда будешь моей мечтой.

Я хочу, чтобы ты знала, я тебя буду любить всю земную жизнь, если это истинная настоящая любовь, то будет так до конца, ты не можешь отрицать, что между нами что-то есть, я очень хочу верить, что это истинная очень редкая сильная любовь между нами, нежная и очень душевная на долгие года.

В минуты глубокого чувства мы смотрим безгласно и любим без слов, сколько времени прошло с тех пор, как я люблю тебя ты смысл моей жизни и только тобой заняты мои мысли, ты покорила моё сердце сразу.

Есть тела, удивительно похожие на душу, поэтому любишь душу и тело, приятно осознавать, что отныне моя душа принадлежит не только мне, но твоя, в сердце моем лишь ты, единственная женщина моя.

Мы хотим, чтобы нас любили определённым образом, и я могу тебя слышать, и за это отдельное спасибо.

Tu es ma respiration.

Je ne comprends pas comment je peux vivre sans toi pendant si longtemps, je partage mon âme avec toi.

Je t'aime plus que tu ne peux t'imaginer toi-même, et je ne peux rien comparer avec cela.

Je t'ai toujours aimée et je ne vais aimer que toi, il arrive que les étincelles du feu de l'amour donnent la paix de l'âme.

Mon âme te choisit de plus en plus fort, et je t'aime très fort, ma chérie, tu seras toujours mon rêve.

Je veux que tu saches que je vais t'aimer toute ma vie terrestre, si c'est le véritable amour ce sera ainsi, tu ne peux pas nier qu'il y a quelque chose entre nous, je veux vraiment croire qu'il s'agit d'un véritable amour fort rare entre nous, tendre et très spirituel pour de nombreuses années.

Dans les moments de sentiments profonds, nous nous regardons muets et nous aimons sans paroles, combien de temps s'est écoulé depuis que je t'aime et que tu es le sens de ma vie, que mes pensées sont uniquement occupées par toi, tu as rapidement conquis mon cœur.

Il y a des corps qui sont étonnamment similaires à l'âme, parce que tu aimes l'âme et le corps, c'est agréable de réaliser qu'à partir de maintenant mon âme ne m'appartient pas seulement à moi, mais toi, dans mon cœur seulement toi, mon unique femme.

Nous voulons être aimés d'une certaine manière, et je peux t'entendre, et pour cela je te remercie tout spécialement.

Знаю, что ты не поверишь тому, как много ты для меня значишь, я никогда не ощущал подобного в жизни. Я не знаю, как выразить свои чувства к тебе, хочу найти идеальные слова, чтобы ты поняла, как сильно ты мне нужен и как сильно я люблю тебя, я думаю могу сказать тебя что это любовь и я люблю тебя, редкая любовь, нежная и очень душевная на долгие года.

Доверие - основа отношений, даже в мелочах, ты и я стали ближе, чем раньше, вкусно с первого глотка, инстинкты не обманешь, я тебя почувствовал с первого мгновения.

Так много всего было между нами, я настолько сильно люблю тебя, что ты не можешь себе представить, иногда я боюсь показать это. Когда ты рядом, мой язык меня не слушается и слова застревают в горле. Мои губы не дают ничего сказать, потому что моя любовь настолько сильна и мои чувства невыразимы словами. Иногда мне хочется открыться и сказать, что я чувствую, но, наверно, я просто боюсь. Я знаю, ты меня любишь и у тебя ко мне есть чувства. Кажется, тебе не проще их выразить, чем мне. Я тебя люблю и буду любить тебя всегда, мужского сердца восполняется нежностью и чистотой сердца жены.

И пусть те, к кому тянется душа, всегда будут рядом, хочу любит тебя больше чем кто-либо другая.

Я нашел в тебе все то что люблю в жизни, с тобой счастье радость удовольствие и все очень искренне и от души. Я единственное знаю, что без тебя мне невозможно жить и поэтому ты мне очень нужен как воздух.

Мне так о многом хочется с тобой говорить или молчать и чувствовать, так чтобы слезы в глазах, это - о внутри, между кожи чувствует, это не связь. это – неразрывность, слушать душа твоя.

По голосу точно узнал свою родную душу в тебе, по голосу, по касаниям, по близости, по покою в душе когда мы с тобой вместе.

Je sais que tu ne croiras pas combien tu comptes pour moi, je n'ai jamais ressenti cela dans ma vie. Je ne sais pas comment exprimer mes sentiments pour toi, je veux trouver les mots parfaits pour que tu comprennes combien j'ai besoin de toi, et combien je t'aime si fortement, je pense que je peux te dire que c'est de l'amour, et je t'aime d'un amour rare, tendre et très émouvant pour de nombreuses années.

La confiance est la base de la relation, même dans les petites choses, toi et moi sommes devenus plus proches qu'avant, délicieux de la première gorgée, les instincts ne peuvent pas être bernés, je t'ai ressentie dès le premier instant.

Il y a tant eu entre nous, je t'aime tellement que tu ne peux pas l'imaginer, parfois, j'ai peur de le montrer. Quand tu es proche, ma langue ne m'écoute pas et les mots se coincent dans ma gorge. Mes lèvres ne donnent rien à dire, parce que mon amour est si fort et mes sentiments sont inexprimables par des mots. Parfois je veux m'ouvrir et dire ce que je ressens, mais j'ai probablement juste peur. Je sais que tu m'aimes et que tu as des sentiments pour moi. Il semble que ce ne soit pas plus facile pour toi de les exprimer que pour moi. Je t'aime et je t'aimerai toujours, le cœur de l'homme est rempli de tendresse et de pureté du cœur de la femme.

Et que ceux à qui l'âme s'étend soient toujours proches, je veux t'aimer plus qu'aucune autre.

J'ai trouvé en toi tout ce que j'aime dans la vie, avec toi le bonheur est la joie du plaisir et tout est très sincère et de l'âme. Je sais seulement que sans toi je ne peux pas vivre et c'est pourquoi j'ai vraiment besoin de toi comme l'air.

Je veux tellement te parler ou garder le silence et ressentir, pour qu'il y ait des larmes dans mes yeux, c'est à l'intérieur, entre les sensations de la peau, l'intimité n'est pas une connexion, c'est une inséparabilité, écoutant ton âme.

Par ta voix j'ai précisément reconnu mon âme sœur en toi, par la voix, par le toucher, par l'intimité, par la paix dans mon âme quand nous sommes ensemble.

Уже знаешь, что жизнь так коротка и понимаешь, как мало в жизни нужно чтобы быть счастливая, отношения, здоровья и рядом близкий родной и очень преданный человек, для создания эмоциональной близости, ты и я совершенствуются, мы испытываем друг к другу и насколько сильно мы нужны и важны наши с тобой близкие отношения, ты приобрела со мной покой в душе и жизнь твоя стала более успешная, чем ранее.

Всё состоит из мелочей, и смыслы многих мелочей порой огромней жизни всей.

Тот, кого ты любишь, это отражение. Это твой очень близкий человек, это высшее родство.

Любовь — единственный луч света в повседневной будничной жизни и надежда — единственное, что заставляет продолжать жить. Я люблю твой мир потому что он похож на мой, он такой глубокий красивый необычный редкий, есть у каждого он свой, и все его заполнить могут сами с своей неповторимою душой. Красота — это то, что мы чувствуем внутри, и то, как это меняет нас снаружи.

Наш внутренний мир должен оставаться стабильным, наши идеи, эмоции и воображение - на самом деле не ограничены телом и рассудком, потому что в внутренний мир большая река начинается с ручейка.

Мы очень нужны друг другу.

Большая река начинается с ручейка, семейный уют и благополучие строятся из каждодневной заботы друг о друге, из тепла и уюта.

Самые Важные Вещи в Отношениях, это компромисс, верность, честность, искренность, открытость, смирение и доверие, если у вас их нет с кем-то, у вас ничего нет.

Верь душе, ей не нужны основания, когда души переплетаются, получается цчастье, ы любви и молитвы нет расстояния.

Отрыть в душе давно безмолвной.

Tu sais déjà que la vie est si courte et tu comprends que si peu dans la vie est nécessaire pour être heureuse, les relations, la santé et à côté une personne proche et très dévouée pour créer une intimité émotionnelle, toi et moi nous améliorons, nous nous ressentons l'un l'autre et combien nous nous sommes si fortement nécessaires, et combien notre relation étroite avec toi nous est importante, tu as acquis la paix avec moi dans l'âme et ta vie obtient plus de succès qu'avant.

Tout se compose de petites choses, et les significations de beaucoup de petites choses sont parfois plus grandes que toute la vie.

Celui que tu aimes est ton reflet, c'est la personne qui t'es très proche, l'affinité la plus élevée.

L'amour est le seul rayon de lumière dans la vie de tous les jours et l'espoir est la seule chose qui nous garde en vie. J'aime ton monde parce qu'il ressemble au mien, il est tellement profond, beau, insolite rare, tout le monde à le sien et peut le remplir soi-même avec l'originalité de son âme. La beauté est ce que nous ressentons à l'intérieur, et comment cela nous change de l'extérieur.

Notre monde intérieur doit demeurer stable, nos idées, nos émotions et notre imagination – ne sont en réalité, pas limités par nos cerveaux et nos corps, parce que dans le monde intérieur une grande rivière commence par un ruisseau.

Nous avons vraiment besoin l'un de l'autre.

La grande rivière commence par un ruisseau, le confort familial et le bien-être sont construits à partir de soins quotidiens les uns des autres, de la chaleur et du confort.

Les choses les plus importantes dans les relations, c'est le compromis, la fidélité, l'honnêteté, la sincérité, l'ouverture, l'humilité et la confiance, si vous n'en avez pas avec vous, vous n'avez rien.

Croyez en l'âme, elle n'a pas besoin de motifs, quand les âmes s'entrelacent, vous obtenez le bonheur, l'amour et la prière n'ont pas de distance.

Ouverture dans l'âme longtemps silencieuse.

Ты выбираешь человека вопреки всему.

Времени, обстоятельствам, расстоянию.

Вокруг могут быть те, кто красивее, умнее, удачливее.

Но, ты их не замечаешь, потому что есть он тот, к кому тянется и сердце, и душа. И, никакими доводами это не объяснить.

Это просто есть и всё.

Мы должны быть вместе всегда.

Идти по жизни рука в руке.

Трудно выразить словами как я тебя чувствую, но это так словно мы много лет уже живем вместе, в любви и нежности и хочется беречь тебя и наши чувства.

Мы еще очень мало были вместе, но этот год дал нам понять, как мы нужны друг другу, сильно скучаем, стали нежнее и глубже любить.

У каждого есть такие места, забыть о которых невозможно, хотя бы потому, что там воздух помнит твоё счастливое дыхание, надо всегда помнить об уважительном отношении друг к другу, Благодарность — великая сила. Всегда найдется что-то, за что стоит поблагодарить Бога, близких людей, радость в мелочах.

На свете должен быть кто-то, кому от тебя нужно лишь одно: чтобы ты был жив и чтобы у тебя все было хорошо.

Человек, понимающий твой мир, становится для тебя всем.

Когда сила человеческой души и Сила Бога сливаются — тогда-то и происходит то, что называют чудом.

Tu choisis une personne malgré tout.

Temps, circonstances, distance.

Autour peuvent être ceux qui sont plus beaux, plus intelligents, qui ont plus de succès.

Mais, tu ne les remarques pas, parce qu'il y a elle, c'elle avec qui le cœur et l'âme s'étendent.

C'est juste là et c'est tout.

Nous devons toujours être ensemble.

Aller dans la vie la main dans la main.

Il est difficile de dire par des mots ce que je ressens, mais c'est comme si nous vivions ensemble depuis de nombreuses années, dans l'amour et la tendresse et je veux te chérir toi et nos sentiments.

Nous étions très peu ensemble, mais cette année nous a permis de comprendre combien nous avons besoin l'un de l'autre, nous nous manquons beaucoup, devenons plus tendres et aimons plus profondément.

Tout le monde a de tels endroits, qui ne peuvent pas être oubliés, ne serait-ce que parce que l'air se souvient de votre respiration heureuse, nous devons nous souvenir et nous respecter dans la relation l'un l'autre, la gratitude est une grande puissance. Il y a toujours quelque chose pour remercier Dieu, des gens proches, la joie dans les petites choses.

Dans le monde il doit y avoir quelqu'un qui n'a besoin que de toi : pour que tu puisses vivre et que pour toi tout aille bien.

Une personne qui comprend ton monde devient tout pour toi.

Quand la puissance de l'âme humaine et la puissance de Dieu fusionnent, alors ce qui se passe s'appelle un miracle.

С родная душа вы теряете счёт времени.

Один из самых очевидных признаков того, что вы уже были знакомы с человеком родную душу, это то, что вы теряете всякий счёт времени и рядом с ним дни бегут с невероятной скоростью. Вы с ним провели уже столько времени, что кажется, будто вы уже миллион раз встречались. Каждый разговор, каждое совместное занятие лишь порождает у вас обоих желание вместе сбежать от всего мира. Вам легко с ним быть и ещё легче откровенничать.

Вы можете быть за миллион километров от родного дома, но ничто так не пробуждает в вас искру, как взгляд этого человека, дарящий вам ощущение, что с ним вы всегда дома.

Возможно, настанет даже такой момент, когда вы оба расплачетесь безо всякой видимой на то причины — просто потому, что хочется позволить себе слёзы, как будто вы давно не виделись. Кроме того, вам очень сложно не выражать свои чувства к этому человеку: иначе вы испытываете ни с чем не сравнимую боль в душе.

Поддерживать дальнейшее общение с таким человеком просто необходимо — вы будете поражены, насколько у вас много общего!

Вы обращаете внимание на едва заметные движения и жесты, которых он сам не замечает.

Иногда вам кажется, что он способен читать ваши мысли, а иногда вы в точности знаете, что ему сейчас нужно.

Это происходит не всегда, но уж если происходит, то это поистине волшебное ощущение. Когда вы понимаете друг друга с полуслова во всём, автоматически находите общий язык, и готовитесь к новому совместному приключению.

Вам трудно скрывать от него свои чувства.

Вы просто не можете скрывать свои чувства по отношению к нему. Единственный способ выразить свои эмоции в присутствии этого человека — это раскрыться целиком и полностью. Причём он чувствует то же самое и отвечает вам взаимностью. Возможно, настанет даже такой момент, когда вы оба расплачетесь безо всякой видимой на то причины — просто потому, что хочется позволить себе слёзы, как будто вы давно не виделись. Кроме того, вам очень сложно не выражать свои чувства к этому человеку: иначе вы испытываете ни с чем не сравнимую боль в душе. Подобную связь довольно сложно обнаружить, возникающее от одного лишь взгляда на человека, этот человек понимает про вас всё и готов сделать всё возможное, чтобы вы были счастливы.

Avec une âme sœur, vous perdez la notion du temps.

L'un des signes les plus évidents que vous étiez déjà familier avec une personne âme sœur, est que vous perdez toute notion de temps et à côté d'elle, les jours courent avec une vitesse incroyable. Vous avez passé tellement de temps avec elle qu'il semble que vous l'avez rencontrée un million de fois. Chaque conversation, chaque leçon commune ne fait que susciter le désir pour vous deux, d'échapper ensemble au monde. C'est facile pour vous d'être avec elle et encore plus facile d'être franc.

Vous pouvez être à un million de kilomètres de chez vous, mais rien n'éveille en vous une étincelle comme le regard de cette personne, vous donnant le sentiment que vous êtes toujours avec elle à la maison.

Peut-être, même un moment viendra où vous pleurerez tous les deux sans raison apparente - juste parce que vous voulez vous permettre des larmes, comme si vous ne vous étiez pas vus depuis longtemps. En outre, il est très difficile pour vous de ne pas exprimer vos sentiments pour cette personne : sinon vous éprouvez une douleur incomparable dans votre âme.

Maintenir la communication avec une telle personne est tout simplement nécessaire - vous serez étonné de voir combien vous avez en commun !

Vous faites attention aux mouvements subtils et aux gestes, qu'il ne remarque pas lui-même.

Parfois, il vous semble qu'il est capable de lire vos pensées, et parfois vous savez exactement ce dont il a besoin en ce moment.

Cela n'arrive pas toujours, mais si c'est le cas, c'est une expérience vraiment magique. Quand vous vous comprenez avec un demi-mot en tout, vous trouvez automatiquement un langage commun.

Il vous est difficile de lui cacher vos sentiments.

Vous ne pouvez pas cacher vos sentiments à son égard. La seule façon d'exprimer vos émotions en présence de cette personne est de vous révéler complètement. Et il ressent la même chose et vous répond en retour. Peut-être, même un moment viendra où vous pleurerez tous les deux sans raison apparente - juste parce que vous voulez vous permettre des larmes, comme si vous ne vous êtes pas vus depuis longtemps. En outre, il est très difficile pour vous de ne pas exprimer vos sentiments pour cette personne : sinon vous éprouvez une douleur incomparable dans votre âme. Une telle connexion est difficile à détecter, découlant d'un simple coup d'œil sur une personne, cette personne comprend tout de vous et est prête à faire tout son possible pour que vous soyez heureux.

По настоящему влюбленный мужчина засыпает и просыпается с мыслями чувствами и планами о любимой единственной женщине. А его сердце и каждая клеточка наполнены мечтами о ней. В таком сердце не остается места для другой женщины и вопрос, может ли мужчина любить сразу двух женщин, не возникает!

Я думаю, именно ты подходишь для этого дела.

Все люди, которымиты восхищаешься и с которых берёшь пример, делают именно так.

Я уверен, что ты та женщина, которая мне нужна.

Мы пока еще подождем, с возвышенными цветочными и пряными нюансами взаимной любви, когда любовь становится целью вашей жизни, человеческий разум является центром наших мыслей, энергий вдохновения прижились в душе.

Душе необходимо вдохновение.

Душа покоем вызревает.

Когда сердце и разум полны любви, когда душа полна любовной страсти, Любовь начинается с Тебя.

Когда мы любим, мы чувствуем это сердцем, не разумом.

Un véritable homme amoureux s'endort et se réveille avec des pensées des sentiments et de projets pour sa femme unique bien-aimée. Et son cœur et chaque cellule sont remplis de rêves d'elle. Dans un tel cœur, il n'y a pas de place pour une autre femme et la question de savoir si un homme peut aimer deux femmes à la fois, ne se pose pas !

Je pense que tu es adapté à ce cas.

Toutes les personnes que tu admires et dont tu prends exemple font exactement cela.

Je ne suis sûr que tu es cette femme dont j'ai besoin.

Nous devrons encore attendre, avec de sublimes nuances florales et épicées d'un amour réciproque, quand l'amour devient le but de votre vie, quand l'esprit humain est le centre de nos pensées, les énergies de l'inspiration trouvent naissance dans l'âme.

L'âme à besoin d'inspiration.

L'âme à besoin de paix.

Quand le cœur et l'esprit sont pleinement remplis d'amour, quand l'âme est pleine de passion amoureuse, l'Amour commence avec toi.

Quand nous aimons, nous le sentons dans notre cœur, pas avec notre raison.

CONCLUSIONS

Что мужчина и женщина не знают друг о друге?

Как узнать, любит ли мужчина женщину?

Как должен себя вести правильный мужчина в отношениях?

Правильный мужчина приложит все   усилия,   чтобы завоевать ваше доверие, мужчина должен   быть   мягким   к   своей женщине,   Без   доверияблизких отношений не бывает.

Правильный мужчина захочет, чтобы вы чувствовали себя комфортно и уверенно в ваших отношениях. Доверять кому-то – вот основа таких отношений, и этот мужчина это поймёт. Без доверия нет ни любви, ни уважения. Он поймёт, что доверие   нужно   не   только   завоевать,   но   ещё   и   сохранить. Союз мужчины и женщины базируется надоверии. Вот почему в отношениях без доверия и уважения   нет интим- ной близости,   нужно уважать себя и других и приложитьк этому немало усилий.

То, что женщина очень изменяющаяся форма, мужчине нужно очень хорошо понимать. Настроение женщины может поменять за пару минут с эйфории до трагедии, и это может происходить в течении одного дня многократно.

К этому нужно относиться спокойно, просто привыкнуть и терпеть женщину в такие   моменты.   Для   мужчины   вообще   важно   иметь   эмоциональную стабильность, которая позволяла бы ему выносить различные волны настроения женщины спокойно и с достоинством.

Правильный мужчина не станет скрывать от вас что-то или же сдерживать свои чувства, понимая, что это вызовет разочарование и напряжение в отношениях. Честность это основа счастливых, здоровых отношений и правильный мужчина это знает. Он будет рядом с вами, вместе с вами преодолевать каждый шаг на этом пути, радоваться вашим достижениям и утешать во время неудач.

Мужчина поможет своей женщине раскрыться и поделиться своими чувствами с ним. В таких отношениях нет опасений и женщина будет открытой и не будет опасений. Ваш мужчина никогда не будет со своей женщиной жесток, мужчина поможет вам раскрыться и поделиться своими чувствами со своей женщиной.

Qu'est- ce qu'un homme et une femme ne savent pas l'un de l'autre ?

Comment savoir si un homme aime une femme ?

Comment devrait se comporter l'homme bon dans une relation ?

L'homme juste, fera tous les efforts pour gagner votre confiance, un homme doit être doux envers sa femme, sans confiance, les relations proches ne se produisent pas.

L'homme bon voudra que vous vous sentiez à l'aise et confiante dans votre relation. Faire confiance à quelqu'un est la base de telles relations, et cet homme comprendra cela. Sans confiance, il n'y a pas d'amour, pas de respect. Il comprendra que la confiance doit non seulement être gagnée, mais aussi préservée. L'union d'un homme et d'une femme est basée sur la confiance. C'est pourquoi dans les relations sans confiance et respect, il n'y a pas d'intimité, il est besoin de se respecter et de respecter les autres et d'y consacrer beaucoup d'efforts.

Le fait qu'une femme soit d'une humeur très changeante, doit être très bien compris par un homme. L'humeur d'une femme peut être changée en quelques minutes de l'euphorie à la tragédie, et cela peut se produire au cours d'une journée plusieurs fois.

Cela devrait être traité avec calme, il suffit de s'habituer et de tolérer qu'une femme à de tels moments. Pour un homme en général, il est important d'avoir une stabilité émotionnelle qui lui permette de supporter calmement et dignement diverses vagues d'humeur féminine.

L'homme bon ne vous cachera rien ni ne restreindra ses sentiments, car cela va causer de la frustration et de la tension dans la relation L'honnêteté est la base d'une relation heureuse et saine. Et l'homme bon le sait. Il sera à côté de vous, avec vous pour surmonter chaque étape du chemin, pour se réjouir de vos réalisations et de votre réconfort pendant les échecs.

Un homme aidera sa femme à s'ouvrir et à partager ses sentiments avec lui. Dans de telles relations, il n'y a pas de peur et la femme sera ouverte et il n'y aura pas de crainte Votre homme ne sera jamais cruel avec sa femme, un homme vous aidera à vous ouvrir et partagera ses sentiments avec sa femme.

Если мужчина хочет чтобы женщина была его то думаю, то он не позволит забыть как он любит свою женщину и будет об этом часто напоминать ей своими поступками, мужчина всегда поддержит если женщина собирается сделать важный шаг в своей жизни и вдохновлять, мужчина приложить все усилия чтобы завоевать доверие женщины, без доверия нет ни любви, ни уважения. Он поймёт, что доверие нужно не только завоевать, но ещё и сохранить. Как он смотрит, как прикасается, как заботится о своей женщине, потому что она для него прекрасна.

Мужчина радует свою женщину разными мелочами и ей приятно, в мелочах всё и заключается, вся жизнь женщины буквально пронизана мелочами деталями, и один из секретов семейного счастья — в том, что мужчина думает о этих мелочах, заботиться о них, тем самым доставляя своей женщине колоссальную радость. Это очень важно, настоящий мужчина способен искренне выражать свои чувства к любимой женщине.

Настоящий мужчина и прекрасный муж, никогда не критикует свою женщину, и не предъявляет ей претензий. Любые критические слова в сторону женщины она воспринимает очень болезненно, это вызывает у нее большой стресс, и ведет к разрушению ее самооценки, и может даже повлиять на ее самочувствие и здоровье.

Настоящий мужчина всегда хвалит свою жену, тем самым поднимая ее самооценку, и повышая уверенность в себе. Женщине очень важны слова признания ее качеств, красоты, она как цветок — который нужно регулярно поливать. Подпитывать ее нежностью и любовью.

Si un homme qu'une femme soie sienne et pense à lui, il ne lui permettra pas d'oublier combien il aime sa femme et lui rappellera souvent cela par ses actions, un homme soutiendra toujours si une femme va faire un pas important dans sa vie et l'inspirera, un homme fera de son mieux, gagnera la confiance d'une femme, sans confiance, il n'y a ni amour ni respect. Il comprendra que la confiance doit non seulement être gagnée, mais aussi préservée, comment il regarde, comment il la touche, comment il se soucie de sa femme, parce qu'elle est belle pour lui.

Un homme fait plaisir à sa femme avec diverses bagatelles et elle est ravie, c'est dans ces petites choses que tout se compose, toute la vie d'une femme est criblée de petits détails, et l'un des secrets du bonheur familial, c'est que l'homme pense à ces petites choses, s'occupe d'elles, livrant ainsi à sa femme une joie immense. C'est très important, un véritable homme peut vraiment exprimer ses sentiments pour la femme aimée.

Un homme véritable et un mari merveilleux, ne critique jamais sa femme, et n'a pas de prétentions à son égard. Tous les mots critiques envers les femmes, elle les perçoit très douloureusement, ils lui font beaucoup de stress, et conduisent à la destruction de son estime de soi, et peut peuvent même affecter son bien-être et sa santé.

Un homme véritable fait toujours l'éloge de sa femme, augmentant ainsi son estime de soi et augmentant sa confiance en soi. Pour une femme les mots de reconnaissance pour ses qualités sont très importants, sur sa beauté, elle est comme une fleur qui doit être arrosée régulièrement. Nourrissez-la avec tendresse et amour.

Il n'y a pas de recette idéale du couple et de l'amour, néanmoins, il y a des personnes qui dans une atmosphère de bienveillance rendent les autres heureux en dépit de toutes les circonstances aux alentours. La forme de l'amour ne doit pas prendre le dessus sur le fond de la relation, car il n'y a aucune relation idéale, nous sommes ensemble pour rendre l'autre heureux et pour que l'autre nous rende heureux en retour, notre amour inconditionnel, nous fait devenir de meilleures personnes. Chaque couple détient son secret par lequel ils perdurent malgré les difficultés, l'amour seul, ne suffit pas à faire fonctionner une relation, les soins, les attentions, la réciprocité, la disponibilité, la constance dans les sentiments sont indispensables. On ne sort jamais grandi d'un échec amoureux, car l'échec amoureux est en effet une des choses qui nous atteint le plus et au plus profond de nous, c'est la dépendance affective en chacun de nous, qui laisse sa trace.

Les hommes ou les femmes très séduisantes peuvent rendre leurs conjoints très malheureux, la personne parfaite n'existe pas, en revanche, il y a un nombre incroyable de personnes bien, mais là encore, ce ne sont pas celles que l'on remarque le plus. Trouvez la bonne personne qui correspond à vos désirs et vos besoins, qui coïncide avec votre caractère, il est judicieux de s'éloigner des personnes qui nous empêchent d'être heureux, quelqu'un qui se moque de vous ou vous fait du mal avec ses paroles et ses actions ne vous aime pas, ceci est valable dans le couple et au sein d'une famille aussi. La relation s'enracine dans une décision libre et réciproque, le plus souvent on fait ce que l'on peut avec les personnes que nous avons et parfois nous avons avec nous des personnes très bien, car elles sont extraordinaires et elles nous aiment comme nous sommes, et nous avons tous la responsabilité morale de les aimer, et de les respecter.

134

Любимые, не расставайтесь!

Берегите сердца, храните верность!

Спаянные преданностью и любовью сердца могут творить чудеса, ибо аура их становится магнитом колоссальной силы.

Елена Рерих

Ne vous séparez pas de vos amoureux !

Prenez soin du cœur, gardez la foi !

Soudés par la dévotion et l'amour, les cœurs peuvent faire des miracles, car leur aura devient un aimant de puissance colossale.

Elena Roerich

Где любовь, там всегда доверие, где любовь, там всегда и надежда. Любовь всё переносит, потому что сильна. Истинная любовь постоянна, не иссякает и никогда не перестаёт.

Святитель Лука Войно-Ясенецкий

Là où il y a de l'amour, il y a toujours de la confiance, là où il y a de l'amour, il y a toujours de l'espoir. L'amour tolère tout, parce qu'il est fort. Le véritable amour est constant, il ne s'épuise pas et ne s'arrête jamais.

Prélat Louka Voino-Yasenetsky

TABLE DES MATIERES

СОДЕРЖАНИЕ

Автор, книжный редактор, издательство

ISBN 979-10-97252-08-3

9 791097 252083